"Suzanne ha sido una fuente invalu⸋ ⸋urante muchos años. Sin duda, es la mejor mae⸋ ⸋grama que existe".

Nadia Bolz-Weber, autora de *Santos accidentales*

"Suzanne Stabile entiende que somos personas creadas para las relaciones y que no podemos entender quiénes somos como individuos sin entender mejor a los demás y cómo nos relacionamos con ellos. *El camino que nos une* propone una vía hacia una mayor empatía, compasión y sabiduría en tus relaciones, ¡y es un regalo para los que te aman y para ti también! Estoy muy agradecido de tener a Suzanne como amiga y como guía en muchas de las preguntas más importantes de la vida. Con este libro, Suzanne también será tu guía".

Michael Wear, autor de *Reclaiming Hope*
[Recuperando la esperanza]

"Pocas personas pueden enseñarte sobre el Eneagrama de mejor forma que Suzanne Stabile que ofrece una visión genuina, humor y potencial para generar un crecimiento real y un cambio. Saborea cada página. Tú, tus amigos, tus familiares y el universo, ¡todos se beneficiarán!".

Richard Rohr, Centro de Acción y Contemplación,
Albuquerque, Nuevo México

"Si has oído hablar del Eneagrama, pero nunca lo has entendido, desde las primeras páginas de *El camino que nos une*, verás que el libro vale la pena. Nos ofrece la mejor introducción breve al Eneagrama que he visto. Cada capítulo es igualmente sorprendente. Si te cuesta entender y llevarte bien con alguien —cónyuge, hijo, padre, jefe, compañero de trabajo, empleado—, encontrarás información sobre qué los hace ser como son y cómo puedes forjar un camino de conexión con ellos. En el proceso, también aprenderás mucho sobre ti. ¡Este libro es un tesoro!".

Brian D. McLaren, autor de *The Great Spiritual Migration* [La gran migración espiritual]

"Dado que la personalidad moldea nuestra forma de ser, muchos nos preguntamos cómo el Eneagrama nos puede ayudar a conectarnos en nuestras relaciones más cercanas. Confiamos en Suzanne Stabile para que nos guíe en este descubrimiento por su sabiduría y experiencia, y más aún, debido a su generosidad de espíritu, inteligencia social y amor incondicional por las personas. *El camino que nos une* te ayudará a tener más compasión hacia las personas en tu vida y hacia ti mismo".

Mark Scandrette y Lisa Scandrette, autores de
*Belonging and Becoming: Creating a Thriving
Family Culture* [Pertenecer y llegar a ser: cómo crear
una cultura familiar próspera]

"Pocas veces he leído un libro tan perfectamente titulado. *El camino que nos une* ayuda al lector a comprender la interacción, a veces compleja, entre los tipos del Eneagrama. Como una persona que ha estudiado durante mucho tiempo he intentado poner en práctica el Eneagrama en mis propias relaciones, este libro es sin duda la mejor guía que he encontrado sobre el tema".

James Bryan Smith, autor de *The Good and
Beautiful God* [El Dios bueno y hermoso]

"Después de leer *El camino que nos une*, sentí que podía entender a mis amigos y a mi familia mejor que antes, así como la forma en que puedo ser un mejor esposo, padre, amigo y compañero de trabajo. Esta es una guía práctica para entender las relaciones a través del Eneagrama. Es un libro que no querrás solamente leer, sino que lo usarás como referencia en los años venideros".

Mike McHargue, autor de *Finding God in the
Waves* [Encontrando a Dios en las olas], anfitrión de
The Liturgists Podcast [El podcast de los liturgistas]
y *Ask Science Mike* [Pregúntale a Science Mike]

"Suzanne tiene una manera fabulosa de tomar las complejidades de un recurso antiguo y maravilloso y hacerlas prácticas y relevantes para el presente. Me encanta esta herramienta y me encanta la forma en que Suzanne la presenta. Ella es la mejor persona para ilustrar los beneficios tangibles del Eneagrama".

Paul Rasmussen, ministro principal de la Iglesia
Metodista Unida Highland Park, Dallas

"Mientras lees *El camino que nos une*, estarás haciendo una lista en tu cabeza de todos los seres queridos que bendecirás con este libro. Querrás que ellos lo tengan porque contiene una sabiduría profunda acerca de la travesía humana, pero, al mismo tiempo, Suzanne, como siempre, nos la ofrece de una manera muy accesible y práctica".

Burt Burleson, capellán universitario y decano de vida espiritual en la Universidad Baylor

"En una lectura amena y entretenida, *El camino que nos une* me ayuda a reconocer mis dificultades a la hora de relacionarme con las personas que amo y estimo. Aprecio el lenguaje directo que usa Suzanne Stabile; nunca anda con rodeos e ilustra las verdades de cada individuo a través de la calidez de las historias que las personas cuentan sobre sí mismas. No se puede sonreír en formato impreso, pero claramente Suzanne se deleita en la variedad de perspectivas humanas a través del Eneagrama. Su entusiasmo y deleite son contagiosos. Ella es la Oprah del Eneagrama".

Suzii Paynter, coordinadora ejecutiva de la Cooperativa de Iglesias Bautistas

EL CAMINO QUE NOS UNE

EL CAMINO QUE NOS UNE

LA SABIDURÍA DEL ENEAGRAMA EN LAS RELACIONES

Suzanne Stabile

ORIGEN

Título original: *The Path Between Us*

Primera edición: febrero de 2020

Publicado originalmente en inglés por InterVarsity Press.
Traducido e impreso con permiso de InterVarsity Press,
P.O. Box 1400, Downers Grove, IL 60515, USA. www.ivpress.com

Originally published by InterVarsity Press as The Path Between Us *by Suzanne Stabile.*
© 2018, Suzanne Stabile. Translated and printed by permission of InterVarsity Press,
P.O. Box 1400, Downers Grove, IL 60515, USA. www.ivpress.com

© 2018, Suzanne Stabile
© 2020, Penguin Random House Grupo Editorial USA, LLC.,
8950 SW 74th Court, Suite 2010
Miami, FL 33156

Traducción: María José Hooft
Adaptación del diseño de cubierta de David Fassett: Penguin Random House Grupo Editorial
Ilustraciones de portada:
People walking: © Ricardo Dias /EyeEm / Getty Images
Wavy line background: © Kalisson / iStock / Getty Images

ISBN: 978-1-644731-45-1

Impreso en USA — *Printed in USA*

Penguin
Random House
Grupo Editorial

Para Giuseppe

*El camino entre nosotros define la bondad de la vida
que compartimos.
Te amo con todo mi corazón.*

Para nuestros hijos y sus seres queridos

Joey y Billy, Jenny y Cory, Joel y Whitney, B. J. y Devon

Para nuestros nietos

Will, Noah, Sam, Elle, Joley, Piper, Jase

Para Richard Rohr, O. F. M.

Quien me enseñó sobre el Eneagrama.

Para Sheryl Fullerton

Quien me enseñó a escribir acerca de él.

ÍNDICE

EL ENEAGRAMA ES UN CAMINO

Joseph Stabile es la mejor persona que conozco, es bueno por donde lo mires. Hemos compartido juntos la vida desde hace más de treinta años, pero aún hay veces en que sus acciones me dejan pensando si alguna vez entenderé completamente su forma de ser.

Hace algunos años, en un vuelo de Nueva York a Dallas, estábamos sentados en el medio de la cabina principal, observando a completos desconocidos que buscaban un lugar donde poner su equipaje en los repletos compartimentos superiores. La última pareja en abordar el avión se veía confundida. El señor ya era algo mayor y tenía un aspecto agradable. Llevaba la maleta frente a él y miraba a su alrededor con frecuencia en busca de asientos vacíos. Su esposa lo seguía de cerca y parecía un poco asustada por lo que estaba sucediendo: no había dos asientos juntos, su maleta no cabía debajo del asiento y no había otro lugar para ponerla en la cabina. La azafata intentó llamar su atención, pero ninguno de los dos respondía. Era obvio que no hablaban inglés, así que ella resolvió la situación como lo hubiese hecho cualquiera de nosotros: simplemente hablando más fuerte.

Como Joe es bilingüe, pensé que podría ayudar, así que le di un codazo y señalé el evidente problema de comunicación. De hecho, insistí mucho en la posibilidad de que interviniera, pero fue en vano. Él insistía en que la azafata podría arreglárselas. Y tenía razón. Ella llevó la maleta del caballero hacia el frente; alguien, muy amablemente, cedió su asiento para que la pareja se pudiera sentar junta, y mi esposo estaba satisfecho mientras nos preparábamos para el despegue.

Todos estaban bien… Todos menos *yo*.

Me comunico bien de forma verbal *y* no verbal. Por eso, aunque no dije una sola palabra, Joe sabía que algo no estaba bien en su mundo porque algo no estaba bien en el mío. Y como él no es de los que resuelven las cosas en público y yo no soy de las que las dejan ir, ambos sabíamos que solo era una cuestión de tiempo.

Llegamos a casa, nos instalamos, nos acostamos y comenzamos el próximo día con una agenda llena de actividades, pero en la cena de la noche siguiente, dije:

—Sabes que yo creo que eres el mejor ser humano del planeta y eso sigue siendo así. Pero quiero que me expliques por qué no quisiste ayudar a esa pareja en el avión cuando era obvio que necesitaban un traductor.

Y mi esposo, que es un Nueve, respondió:

—Honestamente, nunca se me ocurre que debería ayudar. Me doy cuenta de que hay un problema, pero no se me ocurre intervenir.

Una vez más, soy consciente de la gran diferencia en las formas en que Joe y yo vemos el mundo. Reaccioné como un Dos: "Yo siempre sé quién necesita ayuda y normalmente sé lo que necesitan, solo que no siempre estoy preparada para ofrecer esa ayuda".

Esta historia, y mil como esta, son la razón por la que escribí este libro. Todas las relaciones, las que son muy importantes y las que no lo son, necesitan "traducción". Y, si nuestro interés en el crecimiento y la transformación relacional es sincero, entonces el Eneagrama es una de las herramientas de traducción más útiles que tenemos a nuestra disposición.

LA BELLEZA DEL ENEAGRAMA

Soy lo que suelen llamar una "persona sociable". Sinceramente, otras personas me resultan fascinantes y me agradan. Casi todas. Me gusta hablar con ellas, darles un apretón de manos, un abrazo o una palmada en la espalda. Al mismo tiempo, cada persona que conozco es un misterio para mí, no tanto en la forma en cómo aparecen en nuestra vida, aunque eso en sí mismo es milagroso. Lo que me resulta cautivante es que todos nos *comportemos* de maneras tan diferentes.

Sin embargo, en mi experiencia, hay dos cosas que tenemos en común: todos queremos pertenecer a algo y todos queremos que nuestra vida tenga sentido. Pero encontrar pertenencia y sentido depende de nuestra capacidad de forjar y mantener relaciones, tanto con las personas que son como nosotros como con aquellos que no lo son.

Algunos aspectos de nuestra manera de vivir cambian con el tiempo, pero otros permanecen igual y, aparentemente, no hay mucho que podamos hacer al respecto. Muchas veces, somos confrontados con la realidad de que otras personas y su forma de ver el mundo tal vez nunca tengan sentido para nosotros. Si tenemos en cuenta que ninguno de nosotros puede cambiar su manera de ver, solo nos queda la opción de intentar ajustar *lo que hacemos* con esa percepción.

El Eneagrama nos enseña que hay nueve formas distintas de experimentar el mundo y nueve formas distintas de responder estas preguntas básicas de la vida: *¿Quién soy?, ¿por qué estoy aquí? y ¿por qué hago lo que hago?* La manera en que forjamos y mantenemos relaciones varía considerablemente de un número al otro de acuerdo al Eneagrama. Observar a través de este lente nos permite entendernos mejor a nosotros mismos y a los demás, aumentar nuestra aceptación y compasión, y recorrer los caminos que nos unen.

Este libro te ayudará a entender cómo ven el mundo cada uno de los nueve números del Eneagrama, cómo interpretan el sentido de lo que ven, cómo deciden qué hacer y de qué forma todo eso afecta su interacción con los demás. Por supuesto, como este es un libro acerca de relaciones, no tendrá un patrón rígido: la interacción humana puede ser un tanto impredecible y caótica. A veces, todo va bien, otras veces, las cosas resultan muy mal. La buena noticia es que, con la ayuda del Eneagrama, todos podemos mejorar.

LOS NÚMEROS

Los capítulos están escritos *acerca* de cada número y contienen consejos útiles *para* que la persona con las característica de ese número los ponga en práctica con sus relaciones. Como estos capítulos detallan la forma en que un número se relaciona con otros, es útil tener un conocimiento general del Eneagrama. Esta sección ofrece un pequeño repaso de los puntos básicos. Si no has leído *El camino de regreso a ti*, por favor, léelo, ya que es una gran introducción al Eneagrama y el compañero perfecto de este libro.

Los Uno son los *perfeccionistas*, pero no les gusta ese título. Luchan contra la ira, pero la apuntan hacia ellos mismos y se convierte en resentimiento. A los Uno les cuesta creer que son lo suficientemente buenos o merecedores de algo porque tienen una voz interna que constantemente encuentra faltas en todo lo que hacen, así que se conforman con estar en lo correcto. Tienen una mente crítica y comparativa. Ven errores que otros no ven y muchas veces sienten la responsabilidad personal de corregirlo. Creen que cada paso de una tarea tiene que hacerse de forma correcta, así que dan, hacen y ofrecen lo mejor que tienen y esperan lo mismo de los demás.

Los Dos son los *serviciales*. Necesitan que los necesiten. Dan mucho, a veces por razones altruistas y a veces para recibir algo a cambio, aunque generalmente es un motivo subconsciente. Cuando entran a un lugar, automáticamente dirigen su atención a los demás y preguntan: "¿Cómo estás?" "¿Qué necesitas?" "¿Cómo puedo ayudarte?" Su motivación es forjar relaciones detectando y resolviendo las necesidades de los demás.

Los Tres son los *triunfadores*. Necesitan ser exitosos, eficientes y efectivos, y que los vean como tales. Les resulta difícil leer los sentimientos, los suyos y los de los demás. Muchas veces, esconden su enojo, miedo, tristeza, decepción y vergüenza hasta que están solos para lidiar con ello. Les gusta establecer metas a corto y largo plazo, y generalmente las alcanzan. Motivan al resto de nosotros a hacer cosas que tal vez nunca hubiésemos imaginado y, cuando nosotros ganamos, ellos ganan.

Los Cuatro, el número más complejo del Eneagrama, son los *románticos*. Necesitan ser únicos y auténticos al mismo tiempo. Creen que algo falta en su vida y no estarán bien hasta que lo encuentren. Se sienten a gusto con la melancolía y muchas veces obtienen su energía de alguna tragedia. Son el único número del Eneagrama que puede ser testigo del dolor sin tener que arreglarlo. Como valoran la autenticidad y aborrecen la hipocresía, obtienen naturalmente más profundidad en sus encuentros con otros.

Los Cinco son los *observadores* o *investigadores*. Quieren recursos adecuados para no tener que depender de nadie. De todos los números, son los más distantes emocionalmente. Este tipo de desapego permite que puedan tener un sentimiento y lo dejen ir. Manejan el miedo reuniendo información y conocimiento. Los Cinco tienen una cantidad limitada y medida de energía para cada día, así que son cuidadosos con lo que ofrecen a los demás y cuándo lo ofrecen. Es muy valiente de su parte establecer relaciones ya que les cuesta más que a cualquier otro número.

Los Seis son los *leales*. Necesitan sentirse protegidos y seguros. Sienten mucha ansiedad sobre posibles eventos futuros, un mundo lleno de amenazas y los planes secretos de los demás. Los

Seis controlan esa ansiedad planificando para el peor escenario posible, apoyándose en el orden, las reglas, los planes y la ley. Ellos no quieren ni necesitan ser la estrella; simplemente, hacen lo que les corresponde y esperan que los demás también lo hagan. Con su lealtad y su determinación, los Seis son el pegamento que une todas las organizaciones que atesoramos y a las que pertenecemos. Están más preocupados por el bien común que cualquier otro número.

Los Siete son los *epicúreos* o *entusiastas*. Disfrutan de las mejores posibilidades. Necesitan evitar el dolor y convierten rápidamente cualquier cosa negativa en una positiva. Se engañan a sí mismos creyendo que tienen una gama completa de emociones, cuando en realidad viven casi siempre del lado feliz, pensando que la vida es para experimentarla y disfrutarla. Significa que la repetición no es deseable y la rutina es aburrida. También son los maestros de la negación y lidian con el miedo desactivándolo. Sin embargo, tienen una forma especial de inspirar a las personas que los rodean. A decir verdad, nos divertiríamos menos sin ellos en nuestra vida.

Los Ocho son los *jefes* o *retadores*. Son pensadores independientes que tienden a ver todo en extremos: bien o mal, correcto o incorrecto, amigo o enemigo. El enojo es su emoción preferida, pero no dura mucho. Si bien los Ocho no invitan a la franqueza, la quieren y la respetan. Se enfocan en lo que los rodea, no en sí mismos y siempre apoyan a los perdedores. ¡Los Ocho son apasionados! Tienen más energía que cualquier otro número, dan todo lo que tienen por lo que hacen o lo que creen y se comprometen más con personas que están dispuestas a darlo todo.

Los Nueve son los *pacificadores* o *mediadores*. Son el número menos complejo del Eneagrama. Son los que menos energía tienen porque intentan contener cualquier cosa que cause conflicto y evitar cualquier asunto que les robe la paz. Los Nueve son el número más terco. Controlan su enojo siendo pasivo-agresivos. Tienen el

don y el problema de ver los dos
lados de todo, por eso son propensos a la procrastinación y la indecisión. En las relaciones, son leales

> El Eneagrama ofrece una perspectiva única para aceptar lo que no podemos cambiar.

y les gusta estar cerca. Se olvidan de sí mismos, y dejan de lado sus
necesidades y sus planes para unirse a lo que los demás necesitan
o planean.

EL SISTEMA DEL ENEAGRAMA

El Eneagrama es único y valioso porque nos ofrece un enfoque que
nos sirve para avanzar en el camino que debemos recorrer entre
quienes somos hacia quienes esperamos ser. Al comenzar este camino, te dejo un resumen de las dinámicas del Eneagrama.

TRÍADAS. Hay tres formas de conocer el mundo: los sentimientos,
los pensamientos y las acciones. Los nueve números están dividi-
dos entre estas tres formas, conocidas como tríadas, y la tuya se
determina por la forma en que hallas la información o las situaciones. Los Dos, los Tres y los Cuatro son parte de la Tríada del
Corazón, donde dominan los sentimientos. La Tríada de la Cabeza
está compuesta por los Cinco, los Seis y los Siete, y la domina el
pensamiento. Las acciones dominan la Tríada del Estómago, que
está formada por los Ocho, los Nueve y los Uno.

ALAS, ESTRÉS Y SEGURIDAD. Cada número del Eneagrama tiene una
relación dinámica con otros cuatro números: los dos números de
cada lado y los dos en el otro extremo de las flechas, como se apre-
cia en el diagrama. Esos cuatro números se pueden ver como recursos que te dan acceso a distintos patrones de comportamiento. Si
bien tu motivación principal y tu número no cambian, estos números pueden influenciar tu comportamiento y hasta pueden hacer
que te veas como ellos. Los estudiantes maduros del Eneagrama

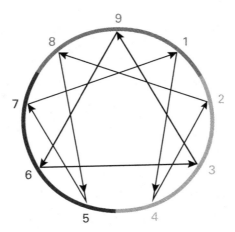

pueden aprender a moverse alrededor del círculo utilizando estas cuatro formas auxiliares de comportamiento cuando lo necesitan.

Los cuatro números dinámicos son:

Números de alas. Estos son los números que se encuentran a cada lado de tu número y tienen la capacidad de impactar considerablemente el comportamiento. Por ejemplo, un Cuatro con ala Tres es más extrovertido que un Cuatro con ala Cinco, que es más introvertido y retraído. Las alas, en general, afectan el comportamiento cuando son dominantes, pero no tienen ningún efecto en la motivación principal. Comprender el grado en que te inclinas hacia un ala o la otra es importante para entender tu personalidad.

Número de estrés. Este es el número al que recurre tu personalidad cuando estás estresado. Se indica por la flecha que apunta en sentido contrario a tu número en el diagrama. Por ejemplo, en un momento de estrés, los Siete se valen del comportamiento de los Uno. Pueden volverse menos tolerantes y adoptar un pensamiento más en blanco y negro. Tu número de estrés no necesariamente es algo negativo, ya que necesitas el comportamiento del número al que recurres en esos momentos para protegerte.

Número de seguridad. Así como recurres a un número cuando estás bajo estrés, también te vales del comportamiento de otro cuando te sientes seguro. Esto lo indica la flecha que apunta a tu número en el diagrama. Por ejemplo, los Siete recurren al comportamiento de los Cinco cuando se sienten seguros, dejan de lado su necesidad de exceso y adoptan una mentalidad de "menos es más". Todos los números necesitan el comportamiento disponible en la seguridad para experimentar una sanación holística.

POSTURAS. En lenguaje cotidiano, una *postura* describe cómo nos colocamos y nos comportamos. En el Eneagrama es casi lo mismo: la postura indica una actitud que es la forma habitual en que respondemos a las vivencias. Es el modo predeterminado en que un número se comporta. En cada capítulo, te daré una idea de la forma en que la postura del número indica cómo maneja las relaciones.

La postura agresiva (Tres, Siete, Ocho). A estas personas les gusta estar al mando de otras y ponen sus planes primero. Son vistos como individuos independientes y, a veces, actúan en contra de otros. Se enfocan en el futuro.

La postura dependiente (Uno, Dos, Seis). Estas personas se preocupan mucho por las expectativas de los demás, por eso son leales y confiables. Son vistos como individuos que se acercan a otros y se enfocan en el presente.

La postura retirada (Cuatro, Cinco, Nueve). Estas personas son lentas para actuar porque muchas veces son tímidas o introvertidas. Son vistos como individuos que se alejan de los demás y se enfocan en el pasado.

UN CONSEJO

Sé que te verás tentado a ir directamente al capítulo sobre tu número para leerlo primero, seguido por los números de las personas más cercanas a ti. Probablemente, yo haría lo mismo, pero te animo a leer el libro *completo*. Encontrarás información acerca de tu número cuando te vayas familiarizando con los otros números incluidos en cada capítulo. El siguiente paso será leer y utilizar *The Path Between Us. Study Guide* [El camino que nos une. Guía de estudio] quizá con otra persona o en un grupo.

Espero que este libro te ayude a mejorar todas tus relaciones, no solo unas pocas que elijas. Sin embargo, no puedo dejar de mencionar algunas cosas de las que todos debemos tener cuidado al aplicar la sabiduría del Eneagrama a nuestras relaciones.

> Comprender quién eres afecta todas las relaciones que comienzas e intentas mantener.

Es importante recordar que el Eneagrama no es un sistema estático: todos partimos de lo saludable, pasando por el promedio, hasta lo nocivo y volvemos a empezar. En mi experiencia, la mayoría de nosotros pasamos el tiempo en el rango del promedio alto. A menudo, enfrentamos la vida desde un lugar saludable y, en momentos difíciles, probablemente reaccionamos de forma nociva. Por eso, este libro describe principalmente cómo respondemos a los demás cuando estamos en un rango entre promedio y saludable.

También necesitamos tener en mente que hay muchas variantes de cada número. Esas variantes dependen de si eres introvertido o extrovertido; si estás en un momento saludable, promedio o nocivo; si eres sociable, te enfocas en relaciones individuales o te proteges a ti mismo; si te concentras en el presente, el pasado o el futuro; y de qué tan familiarizado estás con el Eneagrama y con otras herramientas para el crecimiento personal y espiritual.

Finalmente, como estamos hablando de relaciones, hay algunos principios interpersonales claves que debes tener en cuenta a medida que lees. Primero, no utilices tu número del Eneagrama como excusa para tu comportamiento. Segundo, no utilices lo que has aprendido de otros números para burlarte, criticar, estereotipar o faltar el respeto de ningún modo. Nunca. Tercero, sería muy bueno que uses tu energía observando y trabajando en ti mismo en lugar de observar y trabajar en los demás. Y, a partir de ahora, espero que compartas mi deseo de que todos crezcamos en nuestra capacidad de aceptar, amar y caminar unos con otros llenos de compasión y respeto.

EL ESFUERZO VALE LA PENA

Hace poco, Joe y yo estábamos en otro vuelo, sentados en la fila de la segunda salida. En la fila de adelante, del otro lado del pasillo, la azafata le estaba preguntando a un pasajero si hablaba inglés. Él contestó que no, pero ella volvió a preguntarle y, otra vez, él sacudió la cabeza y dijo que no. Mientras ella, en inglés, continuaba explicándole al pasajero que no se podía sentar en la fila de la salida si no hablaba inglés, él la miraba con atención, tratando de entender lo que le decía.

En un esfuerzo por respetar lo que Joe me había enseñado sobre los Nueve la última vez que viajamos, permanecí en silencio.

Entonces, al mismo tiempo que me abrochaba el cinturón, Joe se desabrochó el suyo. Al darse cuenta del problema, pasó por encima de mí para llegar al pasillo y, en español, le explicó al caballero que tenía que intercambiar el puesto con la señora que estaba frente a él porque el requisito de la aerolínea era que las personas sentadas en la fila de la salida debían hablar inglés.

El hombre se levantó y, con una sonrisa, le agradeció a Joe por ayudarlo. Cuando mi considerado y bilingüe esposo regresó a su asiento, la mujer que estaba detrás de nosotros se asomó por encima del asiento, le palmeó el hombro y le agradeció por ser tan amable y servicial.

Es hermoso poder vernos como somos y como podemos ser.

LOS OCHO

LA VULNERABILIDAD NO ES DEBILIDAD

Melissa me llamó y me preguntó si podíamos hablar de un problema que tenía en el trabajo, así que sospeché que tenía que ver con la relación con un colega en su nuevo empleo. Ella trabaja como jefa de contrataciones en una empresa nueva de alta tecnología. Es inteligente, creativa y muy exitosa. Es una buena líder, pero, como todos los Ocho, muchas veces tiene dificultades relacionándose con sus colegas. Los Ocho funcionan mejor cuando pueden escoger con quién trabajar, pero Melissa heredó su equipo cuando se unió a la compañía. Desde las primeras conversaciones, supe que no había elegido a Emily.

Melissa me había contado que estaba cansada de oír las quejas de Emily acerca del sistema de base de datos.

—En lugar de quejarse, ¿por qué no puede aprenderlo?

Melissa generalmente trabajaba cincuenta y cinco horas semanales y le enojaba que para Emily fuera dificultoso trabajar cuarenta, y faltara a menudo a eventos de trabajo para llevar a su madre anciana al médico, los conciertos de *ballet* de su nieta y otros conflictos personales.

Cuando respondí la llamada de Melissa, ella ya estaba hablando alto, típico de los Ocho. Como todos los Ocho, que rara vez tienen tiempo o están interesados en tener conversaciones triviales, fue directo al grano.

—Se trata de Emily. Acabamos de terminar la revisión de su período de prueba de seis meses y comencé preguntándole si tenía algo que quisiera decir antes de hablar de su evaluación. Pensé que era una buena forma de comenzar, ya sabes, como algo personal.

Pero Melissa no estaba preparada para lo que escuchó. Con voz temblorosa, Emily dijo:

—Creo que tú no me respetas. Siempre eres muy impaciente y exigente. A veces, hasta siento que me intimidas. Otras personas con las que he hablado me dijeron que también sienten lo mismo.

Por su tono de voz, noté que Melissa seguía enojada, pero que también estaba dolida. Le pregunté cómo le había respondido a Emily.

—Bueno —dijo—, hice una pausa y luego le hice algunas preguntas.

—¿Qué tipo de preguntas?

—Quería que me diera una prueba objetiva de por qué se sentía de esa manera, así que le pregunté qué le había hecho sentir eso. Le dije que había sido honesta con ella acerca de mis expectativas y sus responsabilidades. Intenté explicarle que nuestro departamento es muy importante para esta etapa de construcción de la empresa y que tenemos la responsabilidad de contratar a la gente correcta para los puestos claves o la compañía fracasará.

Hubo una larga pausa y luego Melissa me preguntó con gran sinceridad:

—Suzanne, ¿por qué la gente no puede *simplemente hacer su trabajo*?

¿QUÉ SUCEDE AQUÍ?

¿Con qué persona de esta historia te identificas más? ¿Por qué?

¿Melissa es abusiva? ¿Por qué o por qué no?

¿Qué es lo que Emily quiere en realidad de Melissa?

¿Cómo puede el Eneagrama explicar lo que sucede aquí?

Mirando a través del lente del Eneagrama, detrás de esta historia se puede ver mucho más que una jefa agresiva y una empleada intimidada o ineficiente. Se trata de dos personas que ven el trabajo y su relación laboral (y el mundo) desde perspectivas completamente distintas. Melissa es un Ocho. Emily no. Melissa creyó que estaba alentando a Emily a cumplir con sus responsabilidades profesionales, por eso se sorprendió con el arrebato emocional de Emily. Aunque pudo finalizar la evaluación, Melissa me dijo que no confiaba en que las cosas fueran a cambiar. Al final, Emily solicitó que la transfirieran.

La mayoría de los números del Eneagrama negocian la paz con los demás a medida que avanza el día, reduciendo las distancias emocionales con un intercambio rápido, una observación o un cumplido antes de que cada cual tome su camino. Desafortunadamente, los Ocho no sienten la obligación que impulsa este tipo de limpieza relacional, por eso, generalmente van directo al siguiente paso. Puede pensarse que a los Ocho no les preocupamos, pero lo cierto es que, simplemente, no están pensando en nosotros, sino en lo que hay que hacer a continuación.

En esta historia acerca de Melissa y Emily, así como en muchas historias que suceden día a día, sabemos lo que sucede, pero no sabemos por qué. El Eneagrama nos ayuda a entender la dinámica, las motivaciones y las experiencias de los nueve números y sus interacciones y sus relaciones entre sí.

EL MUNDO DE LOS OCHO

La primera respuesta de un Ocho para todo es: "¿Qué voy a *hacer*?". Esto puede ser engañoso en las relaciones porque muchas otras personas preguntan primero: "¿Qué *pienso*?" o "¿Qué *siento*?". Los Ocho suelen llevarse muy bien con los Tres y los Siete, que también se centran en actuar. Estos tres números tienen problemas con aquellos que parecen abrumarse por los sentimientos o son lentos para responder porque piensan mucho antes de hacer algo.

En el contexto de las relaciones, que la primera reacción sea actuar muchas veces resulta agresivo para otros números del Eneagrama que están más orientados hacia el pensamiento o los sentimientos. Por eso, los Ocho necesitan detenerse el tiempo suficiente para considerar que, para algunos, se debe pensar antes de actuar y, para otros, los sentimientos son los que determinan qué acción van a realizar y cuándo. Esto no solo es una cuestión de preferencia: tiene que ver con nuestra visión personal. Por ejemplo, los Cinco y los Seis creen que es inaceptable e irresponsable actuar tan rápido, ya que están seguros de que la gente necesita evaluar primero múltiples opciones y consecuencias.

> Cada número evita algo.

Sin embargo, a los Ocho les resulta difícil hacer una pausa de cualquier tipo, ya que quieren tener el control sobre lo que sucede dentro de ellos y en el mundo. A veces, actúan demasiado rápido y no dejan espacio para otras perspectivas o no les permiten a otros ofrecer lo que tienen para dar. No obstante, la gente continúa buscando a los Ocho para tomar decisiones y liderar, esperando que disminuyan el ritmo, expliquen el plan y pidan sugerencias. Con un enfoque en la acción, a un Ocho no le pasa nada de eso por la cabeza. Todd Dugas, un Ocho que trabaja como director ejecutivo de un centro de rehabilitación, lo explica así:

Solía enojarme con el personal porque no hacían lo que les correspondía. Entonces, cuando reflexioné al respecto, me di cuenta de que nunca los había entrenado ni les había explicado lo que realmente deseaba. Solo les había dado lo básico y esperaba que, a partir de ahí, se desarrollaran de algún modo. Tal vez lo había hecho así porque para mí era un problema sentarme, interactuar con ellos y tener una verdadera conversación. También tenía problemas con otros empleados que *apenas* hacían su trabajo. Solía deshacerme de esas personas todo el tiempo.

Los Ocho necesitan prestar atención cuando actúan muy rápido en una relación y otros no pueden seguir su paso. Los demás, muchas veces, les seguirán la corriente, probablemente porque creen que no tienen otra opción. Y eso suele generar resentimiento.

> Los Ocho que están en una posición promedio o por debajo de esta pueden sentirse tentados a ajustar cuentas con las personas que los han tratado injustamente a ellos o a otros.

Un Ocho dijo: "Los mayores malentendidos en casa surgen cuando yo espero de los demás algo que no expliqué claramente. Me frustro muy rápido cuando no actúan a la misma velocidad o con la misma intensidad que yo. Explicar lo que estamos haciendo y por qué puede ser engorroso, pero sé que necesito incluir a los demás en mi plan familiar".

La verdad es que cuando los Ocho eligen la inclusión se necesita muy poco tiempo y la recompensa es enorme: alivia los malentendidos y crea grandes conexiones.

La vulnerabilidad y la autoprotección. Los Ocho evitan la vulnerabilidad para protegerse emocionalmente. Cuando son niños, los demás hacen comentarios acerca de ellos: "Es muy mandona" o "No escucha a nadie". Cuando son adultos, muchas veces los tildan de agresivos, por eso, con frecuencia, los demás adoptan una postura defensiva en sus relaciones con ellos y sienten la necesidad de protegerse de alguna manera. La ironía es que los Ocho también sienten la necesidad de protegerse a sí mismos, pero lo hacen evitando sentirse indefensos, débiles y subordinados.

En su famosa charla TED sobre el tema de la vulnerabilidad, Brené Brown, una importante investigadora y escritora, dijo: "La vulnerabilidad es la idea de que para poder conectarnos debemos permitirnos ser vistos, vistos de verdad". Los Ocho quieren conectarse con quienes están cerca de ellos tanto como cualquier otro número, pero tienen un gran problema: una de las pocas cosas a las que le tienen miedo es a quedar expuestos en momentos de debilidad, limitaciones o indecisión. Si Brown está en lo correcto y la conexión depende de nuestra capacidad de ser vulnerables y esto sugiere que debemos estar dispuestos a ser vistos, entonces esa motivación relacional es muy importante. Pienso que los Ocho se sienten tan expuestos como nos pasa todos, solo que lo expresan de forma diferente.

Una Ocho casada y con cuatro hijos explicó su vulnerabilidad en las relaciones familiares:

Quiero confiarte todo aunque sea muy difícil para mí. Estaré de tu parte todo el tiempo. Pelearé *por ti* mucho más de lo que pelearé *contigo*. Te sorprenderé con mis lágrimas cursis y hasta, tal vez, en algún momento, ni siquiera intente esconderlas. Me enojaré contigo cuando te enojes conmigo y tendré que esforzarme mucho para encontrar mis sentimientos debajo de todo eso. Te amaré más allá de la razón y eso podría asustarme al principio.

Aunque los Ocho pueden ser vulnerables en las relaciones cercanas, siempre afrontan una incomodidad para expresar sentimientos
delicados.

A pesar de los grandes esfuerzos que hacen por protegerse, los
Ocho, como todos nosotros, tienen experiencias en la vida para
las que no están preparados. En esos momentos, cuando se sienten
expuestos emocionalmente, los Ocho nos permiten verlos. Aunque sea por poco tiempo, tenemos la oportunidad de conocerlos de
una forma nueva. En momentos como esos, los Ocho de mi vida
me han enseñado que su intención no es ser agresivos, solo están
tratando de protegerse.

Cuando mi hija Joey era una pequeña de seis o siete años, solía
levantarse en medio de la noche para abrir los regalos colocados
debajo del árbol de Navidad que tenían su nombre y luego los vol-
vía a cerrar. Lo hacía tan bien que nos tomó un par de años darnos
cuenta. Cuando hablamos con ella, nos explicó que no le gustaban
las sorpresas. "Cuando abra mis regalos, tal vez me eche a llorar o
a reír, o quizá diga algo incorrecto. No me gusta eso. Quiero saber
todo antes de que suceda".

No saber algo la hacía sentir vulnerable. Hoy en día, tiene casi
cuarenta años y ya tiene hijos, pero aún quiere saber todo antes de
que suceda.

Los Ocho odian la debilidad en ellos y en las personas cercanas
a ellos, por eso, si no pueden diferenciar entre ser vulnerables o ser
débiles, evitan ambas situaciones. Pero es muy difícil estar en una
relación con alguien que no puede o no se permite ser vulnerable
porque les hace sentir a los demás que su presencia no importa, que
no tienen nada que ofrecer y que nunca serán dignos de confianza.
Las relaciones buenas y sólidas se construyen en los momentos
vulnerables, por eso los Ocho necesitan trabajar en esa confusión
entre debilidad y vulnerabilidad, manteniéndose conectados a los
demás cuando están tristes o cuando las cosas no se alinean y así

> Los Ocho establecen límites apropiados para proteger su espacio, pero es posible que no se den cuenta cuando se están inmiscuyendo en los asuntos ajenos.

compartir con otros lo más significativo, lo que más los asusta y lo que consideran más importante.

En mi experiencia, la mayoría de los Ocho son almas viejas. Llegan al planeta con una sabiduría inesperada que se muestra con tanta gracia que puedes llegar a extrañarla. Me cuentan que, cuando eran niños, se sentían tan incómodos cerca de aquellos que parecían débiles y desganados que tomaron la decisión de ser fuertes. Muchos de ellos asumen las responsabilidades propias y las de los demás a una edad muy temprana porque son líderes naturales. Sin embargo, esta fortaleza que eligen les cuesta su inocencia. Si eres un Ocho, pasarás parte de tu vida adulta intentando recuperar la capacidad de enfrentar el mundo sin tener que protegerte de él. Solo poseerás esa capacidad en un contexto de relaciones seguras.

EN DEFENSA DE LOS DÉBILES. La preocupación de los Ocho por la autoprotección hace que estén más capacitados para desafiar a los opresores y defender a las personas que no son tan fuertes como ellos. Esto es algo que me encanta de los Ocho que conozco. Su preocupación por la injusticia y su creencia de que son responsables de proteger a los inocentes son tan poderosas como bondadosas. Sin embargo, los Ocho muchas veces se pierden los beneficios que pueden recibir. Cuando se involucran con los marginados, deben ser conscientes de que el acto de dar puede ser mutuo y relacional.

La conciencia social es la capacidad de adoptar los sentimientos ajenos y entender cómo se ve la vida desde otro punto de vista. Para tener este tipo de conciencia se necesita escuchar y observar, lo cual es fundamental para un intercambio respetuoso y significativo entre dos personas aunque la relación no sea continua. Cuando los Ocho están ocupados haciendo cosas en nombre de otro, es muy probable que estén resolviendo un problema sin mucha conciencia social. Aquí hay un equilibrio sutil en el que todos los números necesitan trabajar. Los Dos, por ejemplo, le prestan demasiada atención a estar socialmente conscientes. Pero las relaciones se definen por la forma en que dos o más personas se conectan, por eso necesitamos recordar que todas las relaciones requieren un balance entre dar y recibir.

LA INTENSIDAD Y EL ENOJO. En la sabiduría del Eneagrama, la pasión de los Ocho es la lujuria, mejor definida como intensidad. Son personas integrales, llenas de energía y con un impulso impaciente hacia la acción. Cuando las cosas no se organizan o aparecen obstáculos, suelen responder con enojo. Paradójicamente, creen que el enojo los ha ayudado a abrirse paso en el mundo, pero sospecho que los Ocho lo utilizan para ocultar sentimientos más suaves y tiernos. El problema, en parte, parece ser que después de un tiempo, les cuesta acceder a otro sentimiento *que no sea* el enojo y esto, a menudo, perjudica sus relaciones.

Si tenemos en cuenta que a los Ocho les preocupa parecer débiles, entendemos por qué automáticamente enmascaran la tristeza, el miedo y la vulnerabilidad con el enojo como una forma de protegerse. Sin embargo, hablando para los otros números del Eneagrama, el enojo de los Ocho muchas veces se percibe como una barrera, no como un límite. Los tipos menos agresivos (Dos, Cuatro, Seis y Nueve) tienden a protegerse en sus encuentros con los Ocho y, cuando esto sucede, es menos probable que surjan la verdad y la autenticidad que los Ocho buscan en las relaciones.

Wendi, una amiga que es un Ocho y enseña en una escuela primaria, me contó acerca de un debate que tuvo con una colega sobre la distribución de los niños en las clases de kindergarten y primer grado. Wendi creyó que habían llegado a un consenso sobre lo que sería mejor para los niños y que el problema se había resuelto.

Cuando descubrió que no se había respetado su acuerdo, se enojó mucho. Estalló en una furiosa confrontación que causó una gran ruptura en su relación. Pero a raíz de su ira justificada, Wendi consideró sus acciones:

> Si hubiese esperado y procesado con calma y consideración lo que estaba sucediendo antes de hablar con ella, quizá hubiese podido expresar mis pensamientos y sentimientos de una forma que ella los hubiera escuchado. Y si no, entonces al menos no tendría que volver a examinar mi comportamiento. Estoy aprendiendo a detenerme y pensar antes de hablar con alguien cuando estoy enojada. Quiero que me respeten y me vean como una persona sensata, inteligente, sabia y madura. Reaccionar de manera exagerada me deja con la sensación de que necesito justificar mi comportamiento.

Los Ocho rara vez se arrepienten de la confrontación. Confían en la energía que obtienen de su necesidad de independencia, pero muchas veces no se dan cuenta de que su agresión eclipsa sus intenciones.

El verdadero problema es que la lujuria, la intensidad y la ira se disfrazan como expresiones de emociones profundas, por eso los Ocho terminan creyendo, erróneamente, que están en contacto con sus sentimientos cuando eso, con frecuencia, está muy alejado de la realidad. Los Ocho deben estar conscientes de sus intenciones para reconocer, sentir y luego nombrar sus sentimientos.

DESCONEXIÓN DE LOS SENTIMIENTOS. Los Ocho se apasionan mucho por todo y por nada en particular y muchas veces sustituyen la intensidad por otros sentimientos como la alegría, la tristeza, la vulnerabilidad o la vergüenza. Un encuentro con sentimientos tiernos como el dolor o el miedo provoca una respuesta coherente y rápida de acción decisiva para sentirse fuertes nuevamente. Evitan a toda costa cualquier sentimiento de debilidad o dependencia. Los problema surgen porque las relaciones prosperan gracias a la *inter*dependencia, que es esa reciprocidad frecuente y espontánea que ocurre entre dos personas que se relacionan. Los Ocho necesitan darse cuenta de que los sentimientos tiernos no son signo de debilidad.

La ilusión de control se rompe cuando los Ocho se enfrentan a sentimientos que no pueden reprimir. Todos lo hemos visto: una muestra de ternura por alguien cercano que es frágil y fuerte a la vez, el amor por aquel cuya vida es marginada, pero cuya respuesta a la vida no lo es, un afecto profundo por alguien que, constantemente, logra superar dificultades indescriptibles. Los Ocho no tienen miedo de sentir, tienen miedo de que sus sentimientos los traicionen.

MIEDO A LA TRAICIÓN. En mis seminarios prácticos, los Ocho mencionan mucho haber sido traicionados y, generalmente, nombran a personas que fueron desleales con ellos. Los he escuchado contar estas historias de traición por mucho tiempo antes de comenzar a decir cosas como: "Yo no llamaría a eso una traición, ¿no crees que puede haber sido un error?" o "Creo que esa no fue una buena decisión, pero no diría que es una traición". Cuando reformulo estos eventos, los Ocho parecen sorprendidos. Ni siquiera les pasa por la mente que lo que experimentaron como traición pueda ser algo más o, tal vez, pueda ser algo muy diferente si se mira desde el punto de referencia de la otra persona.

Una tarde, en un cumpleaños familiar, tuve la oportunidad de hablar acerca de la traición con Joey, nuestra Ocho. Sentadas juntas, con los pies en la piscina y refrescos en la mano, le pedí que me explicara la traición desde su perspectiva. Su respuesta fue simple: "Yo vivo la traición todos los días porque la gente que no me conoce emite juicios acerca de quién soy y luego los alimenta con sus propios sentimientos sin siquiera hacer el esfuerzo por conocerme y conectar conmigo de alguna manera".

Lo último que quiere un Ocho es herir a alguien que ama. Cuando descubren que te han herido, su respuesta interna no es mecánica. Aunque mantengan la compostura, sufren mucho y los destroza saber que han aprovechado tu vulnerabilidad de alguna forma.

ESTRÉS Y SEGURIDAD

Una de las fortalezas del Eneagrama es que no es estático como otros sistemas de su tipo, sin embargo, es predecible. Dependiendo de dónde esté alguien en su vida y de la forma en que se den las circunstancias, cada número puede estar dentro de los rangos saludable, promedio o nocivo.

> Todos tenemos la misma respuesta inicial frente al estrés: exageramos el comportamiento de nuestro número.

Cuando los Ocho están sanos y en su mejor momento en las relaciones, son positivos, divertidos y generosos. Pueden ser muy tolerantes y dispuestos a enfrentar cualquier cosa que suceda. En esos momentos, se comprometen, son fieles y solidarios, siempre y cuando los demás estén dispuestos a triunfar.

En sus momentos más nocivos, los Ocho son combativos, posesivos, arrogantes, inflexibles y rápidos para ver las faltas. Un Ocho me dijo que la necesidad de sus hijos es algo que realmente la altera: "Le digo a mis hijos: *Resuélvanlo chicos, pueden hacerlo mejor. No recibí cuatro títulos universitarios para lavarles la ropa. Estoy criando hombres, no niñitos débiles. ¡Cuídense ustedes!*". Sin embargo, los Ocho pueden aprender a reconocer que la necesidad de otros, generalmente, es un intento por conectarse y que pueden ganar algo si ayudan.

El exceso en cualquier número nunca es bueno. Los Ocho responden al estrés con agresión, intensidad y una visible confianza en sí mismos. Su primer mecanismo de defensa es negar cualquier sentimiento que surja de vez en cuando. Esto los impulsa a trabajar más duro y hacer más, cuando lo que tienen que hacer es detenerse.

Creo que es justo decir que los Ocho se sienten a gusto en las situaciones que la mayoría de nosotros consideramos estresantes: los plazos de entrega, las confrontaciones, las peleas, las crisis, el comportamiento problemático de los demás o cosas que parecen estar fuera de control. Van directo a situaciones como estas con entusiasmo y determinación. Una Ocho me explicó: "Entro como *Terminator*, tratando de identificar a los amigos y a los enemigos. ¿Quién está en mi contra? ¿Quién está a mi favor? Así es como me protejo. Quiero tener el aspecto adecuado para que nadie me pueda controlar. Cuando me pongo mis tacones más altos, mido seis pies y una pulgada y puedo mirar desde arriba a todos los que estén en el lugar".

Por el bien de nuestras relaciones, es importante reconocer que algunos Ocho, o la mayoría, realmente creen que pueden cambiar la realidad para que se amolde a

LOS OCHO Y LOS OTROS NÚMEROS

Los Uno: los Ocho son comprometidos y enérgicos como los Uno, pero no comparten el mismo enfoque. Los Uno suelen enfocarse en el problema y los Ocho en la solución.

Los Dos y los Cinco: los Ocho comparten una línea con los Dos y los Cinco en el Eneagrama, van al Dos en seguridad y al Cinco en estrés. Los Ocho necesitan la ternura, el afecto y el conocimiento de los sentimientos de los demás que tienen los Dos, y la capacidad de los Cinco de moverse con lentitud, recolectando la información necesaria antes de actuar, así como su capacidad de apreciar los momentos en que la neutralidad es valiosa.

Los Tres y los Siete: los Ocho se llevan muy bien con los Tres y los Siete porque todos piensan rápido, trabajan duro, juegan duro, hacen muchas cosas y no son propensos a tener sentimientos tiernos. Estos tres tipos siempre se enfocan en el futuro y son enérgicos cuando quieren conseguir algo, por eso suelen ser grandes compañeros de trabajo y colegas.

Los Cuatro: a los Ocho les resulta difícil entender los cambios de humor de un Cuatro. Sin embargo, una vez que aprenden a aceptarlos, pueden descubrir que en realidad tienen mucho en común: son los números más intensos y apasionados del Eneagrama, y ambos se comprometen a ser honestos sin importar el costo.

Los Seis: a los Ocho les cuesta trabajo ser lo suficientemente pacientes como para esperar a los Seis. Los Seis son metódicos, por eso ven las cosas en tiempo real, mientras que los Ocho generalmente se enfocan en el futuro. Sin embargo, cuando los Ocho escuchan a los Seis y esperan una respuesta, puede ser beneficioso para ambos.

Los Ocho: los Ocho juntos representan mucha pasión, por eso uno de ellos necesitará enfocarse de vez en cuando en su interior y las responsabilidades deberán dividirse. Ten en mente que un Ocho con un ala Siete es muy diferente a un Ocho con ala Nueve.

Los Nueve: un Ocho puede tener una relación fascinante con un Nueve cuando ambos son maduros y están en un espacio saludable. Los Nueve necesitan tener su propia energía, sus propios planes y comprender lo que deben hacer. Cuando los Ocho siguen a los Nueve de forma voluntaria e intencional, puede ser algo hermoso.

su forma de ver las cosas. Ahora, mientras lees esto, no digas para tus adentros: "¡Esto es una locura!" Recuerda que los Ocho creen que tu forma de ver y hacer las cosas también es una locura. Esa es una de las razones por las que necesitamos el Eneagrama.

Los Ocho rechazan sus propios límites, por eso para ellos es todo o nada. Desafortunadamente, sin el conocimiento del Eneagrama o algunas experiencias de vida, también se niegan a aceptar los límites de otros. Muchos Ocho incluso niegan que *haya límites*. El estrés que esto causa les pasa factura a ellos y a sus relaciones con los demás.

En situaciones de estrés, los hombres Ocho simplemente rehúsan detenerse. Esperan más y más de sí mismos y de los demás, y cualquiera que no pueda seguirles el ritmo es sospechoso. Si vives o trabajas con un Ocho, entonces sabes que su enojo puede ser enorme. Es intimidante para alguien que no está acostumbrado. Cuando el hombre Ocho falla —como sucederá en algún momento—, en ocasiones se retira, pero la mayoría de veces sigue adelante con lo suyo. He oído muchas historias de hombres Ocho a los que les han diagnosticado enfermedades relacionadas con el estrés, como infartos o accidentes cerebrovasculares, porque no podían aceptar que hay un momento y un lugar para detenerse.

Cuando las mujeres Ocho están muy estresadas, son mandonas y estridentes. Su enojo es inconfundible y se niegan a calmarse. Pero, a diferencia de los hombres, cuando chocan contra un muro, suelen detenerse, llorar un poco e irse a la cama. Si están bastante sanas, pueden despedirse diciendo que regresarán. Si no, se marchan sin dejar duda alguna de que están enojadas y que no estarán disponibles por algún tiempo.

Aunque a los Ocho les encanta el estrés, ese exceso de energía puede alcanzar un punto en que el rendimiento disminuye. Cuando esto sucede, intuitivamente actúan como los Cinco y se alejan del mundo. Esto es bueno, ya que les ofrece un espacio para pensar mejor las cosas y volver a relacionarse con la vida y con los demás, desde una mejor posición. Cuando los Ocho se sienten seguros, toman un poco de la energía y el comportamiento de los Dos. Esto también es bueno porque, en ese espacio, se conectan emocionalmente con los demás de forma que permite un intercambio de cariño que, a menudo, se había escondido bajo una cubirta de agresión.

LIMITACIONES EN LAS RELACIONES

Sería erróneo pensar que los Ocho no desean ni valoran las relaciones, sí las valoran. Pero no necesitan o no tienen tiempo para muchas relaciones, por eso no suelen ser amigos de sus compañeros de trabajo. Ten en cuenta que los Ocho son buenos como colegas y trabajando en equipo, solo que las conexiones sociales importantes, en general, las viven en otras áreas de su vida.

Los Ocho prefieren tener pocas amistades con personas que también valoran la independencia. Para ser amigo de un Ocho, necesitarás ser digno de confianza y seguro, y la relación debe ser de confianza, pero sin expectativas. Uno de mis aprendices dice: "Para mí, es literalmente *imposible* tener una relación significativa con alguien que no tiene la confianza en sí mismo para defenderse".

Muchos Ocho experimentan una falta de equilibrio como resultado del énfasis excesivo en actuar y el hábito inconsciente de ignorar los sentimientos, los suyos y los de los demás. Pero ese enfoque en la acción puede costarle caro.

Como el mayor de tres varones y el único Ocho de su familia, Jeff estaba preparado para tomar decisiones por sus padres cuando envejecieron, pero no necesariamente quería hacerlo solo. Aunque Jeff quería que sus hermanos participaran, a medida que pasaba el tiempo, tenía cada vez más responsabilidades y ellos, cada vez menos. Supuso que ellos no podían o no querían ocuparse de lo que había que hacer y terminó llevando a su madre a vivir con él cuando su salud desmejoró.

De acuerdo con el patrón establecido por la familia, Jeff se ocupó de todo luego de la muerte de su madre: escogió la funeraria y el ataúd, escribió el obituario para los periódicos e hizo la oración fúnebre. Después del servicio, su hija de doce años le preguntó por qué no había llorado. En ese momento de finales, comienzos y vulnerabilidad, Jeff la alzó y la abrazó muy fuerte. Pero no pudo decirle lo que realmente pensaba: si hubiera dejado que sus emociones tomaran el control, nadie se habría ocupado de las gestiones para sepultar a su madre. Creo que muchos Ocho pasan la vida creyendo que deben ignorar sus sentimientos para cumplir con sus tareas.

La verdad es que lo que vemos y la forma en que lo hacemos también determina lo que nos perdemos. Estoy convencida de que los Ocho no tienen idea de cómo su negativa a ser vulnerables afecta a los demás. Los Ocho no saben que la manera agresiva en que se hacen cargo de las cosas provoca que los demás sientan que su presencia no es importante o no se necesita. No se dan cuenta de que muchos de nosotros tomamos su falta de vulnerabilidad como falta de confianza en nosotros para mostrarse como realmente son, con todos sus defectos. Las relaciones comprometidas y a largo plazo se forjan, en parte, caminando junto a alguien, no guiándolo ni siguiéndolo, en la celebración y en el sufrimiento.

Los Ocho generalmente están a cargo sin importar dónde o con quién, por eso es importante que recuerden que las relaciones se basan en la reciprocidad y la colaboración, y ambas son fáciles de ignorar para aquellos que siempre están en modo de liderazgo. Una de mis personas favoritas, la escritora y pastora Nadia Bolz-Weber, me contó una vez cómo tuvo que estar atenta al peso que tenía su opinión sobre su congregación de Casa para Todos los Pecadores y Santos:

De la forma en que funciona la iglesia, no tenemos un sistema de comité, así que todo es más o menos por "elección". Yo digo: "¿Quién quiere tener una reunión del gremio litúrgico el Miércoles de Ceniza y los domingos de Cuaresma?" y quien venga es el gremio litúrgico ese día. Pero, para que funcione, tengo que estar dispuesta a dejar a un lado dos cosas, el control y la previsibilidad. No puedes prever quién vendrá... o si alguien lo hará. Y debo renunciar a tener el control, es decir, debo permitirles participar. Por eso, es un tipo de liderazgo muy particular. No es que "todo se vale", yo sigo a cargo y continúo manteniendo ese espacio. Pero si alguien tiene una idea, debo evaluarla yo misma y con los demás. Debo hacerlo con honestidad y rápido. Debo ser responsable con el hecho de que mi voz tiene mucho peso. Esto conlleva un poco de autoconciencia y no siempre lo hago bien, pero eso es lo que termina siendo difícil. Pero si haces bien tu trabajo, puedes manejarlo sin pasarle por encima a nadie.

Creo que los Ocho piensan que se protegen estando al mando. Sin embargo, ser el que siempre lidera, controla y toma las decisiones en una relación puede terminar aislándolos. Y muchas veces, evita que aprendan a lidiar con las sorpresas que la vida inevitablemente nos da. Es importante señalar que todos nos protegemos de ciertas cosas (por ejemplo, los Nueve se protegen del conflicto, los Siete están muy atentos a evitar el dolor y los Cuatro se preocupan por el abandono). Los Ocho se dedican a protegerse de emociones inesperadas, pero, como puedes ver en la historia de Nadia, necesitan aprender a no pasar por encima de nadie.

EL CAMINO JUNTOS

Los Ocho demuestran con claridad cómo se relacionan con los demás. Si los observas, es obvio quién tiene o no acceso a su lado más blando y tierno. Mi hija Joey y yo estábamos enseñando juntas un día cuando ella le dio al grupo una exposición muy clara de cómo los Ocho abordan las relaciones en el trabajo.

Uniendo sus manos, explicó:

—Solo soy "cálida y cariñosa" hasta cierto punto. Eso es todo; no hay nada más. La mayor parte es para mi esposo y mis hijos. Lo que sobra es para hacer conexiones personales auténticas con posibles clientes. No pregunto por la vida personal de mis colegas y no comparto detalles de la mía. Voy a trabajar todos los días para realizar las tareas que me han asignado y le doy mucha importancia a hacerlo bien. Si mis colegas pueden dedicar su energía a hacer bien su trabajo, podemos disfrutar la camaradería de ese esfuerzo juntos. Si no, no tengo nada que compartir con ellos. Tengo amigos. No voy al trabajo para buscar amistades.

Aunque pueda ser contradictorio, es vital para los Ocho darse cuenta de que equilibrar sus sentimientos cuando se encuentran con otros será beneficioso para ellos y para aquellos con quienes se relacionen. Como tus sentimientos no han aparecido con regularidad en tu arsenal para conquistar el mundo, son una de las partes más puras de tu ser. Permitirte un descanso para pensar en cómo te sientes con una situación y tomar en consideración esos sentimientos antes de *hacer* algo, será de mucha ayuda para ti a medida que transitas este fantástico camino del Eneagrama.

Al fin y al cabo...

Uno de los mayores regalos del Eneagrama es que nos enseña lo que podemos tener y lo que no, y lo que debemos aceptar y permitir. Para los Ocho, nadie puede ser tan fuerte como ellos. Aquí hay otras cosas que los Ocho deben tener en cuenta:

Pueden...

- ocupar una posición de liderazgo si tienen gente dispuesta a seguirlos y, para eso, deben respetar su forma de ver el mundo.
- darse cuenta de que pueden liderar y hacer planes, aunque no pueden controlar los resultados.
- contratar personas que son agresivas, pero recordar que siempre deberán trabajar con personas que no lo son.
- aprender el valor de la moderación, la colaboración y la paciencia, así como cultivar el conocimiento de ellos mismos para practicarlas.
- protegerse emocionalmente, recordando que no pueden evitar la vulnerabilidad.

Pero no pueden...

- ser escuchados completamente sin considerar las otras ocho formas de recibir la información.
- evitar o negar la vulnerabilidad y, aun así, tener éxito en las relaciones.
- liderar siempre; deben aprender a seguir a otro líder con amabilidad.
- influir en el mundo sin que este les afecte a ellos.
- resolver todos los problemas con acción y fuerza.
- expresar sentimientos que no se han permitido experimentar.

Entonces, necesitan aceptar que...

- no siempre tienen razón.
- no pueden garantizar los resultados.
- ellos crecen en situaciones de estrés, pero otros no.
- hay algo mayor que ellos en lo que deben enfocarse.

Lo principal que debemos tener en cuenta en las relaciones con los Ocho es que su agresión no es personal. Su intención no es herir, así que no te dejes confundir por sus opiniones y pasiones fuertes. Aquí hay algunas formas adicionales en las que puedes establecer mejores relaciones con los Ocho en tu vida:

- Aunque son fuertes y autoritarios, no olvides que también necesitan cariño.
- Si no te defiendes, no te haces oír, no eres honesto y directo, entonces, eres invisible para ellos.
- No te vayas por las ramas: los Ocho quieren comunicaciones cortas, directas y honestas.
- Ten en cuenta que los Ocho son controladores en las relaciones simplemente porque no quieren ser controlados.
- Haz tu mejor esfuerzo en todo lo que hagas. Haz lo que dices que harás y adviérteles que estás totalmente dispuesto o que no lo estás.
- No les gusta que hables a sus espaldas y no entienden por qué alguien haría eso. Si tuvieran la oportunidad te dirían: "¿Por qué le dices a otra persona lo que piensas de mí? Dímelo a *mí*. Puedo soportarlo".
- Si no están felices contigo, te lo comunican. Si no te lo dicen, pero parecen un poco distantes, probablemente no tenga nada que ver contigo.
- Reconoce sus contribuciones, pero no los halagues porque no confían en los halagos ni los necesitan.
- Aliéntalos a hacer ejercicio con regularidad. Un buen programa de ejercicios consumirá un poco de su exceso de energía.
- Ten en cuenta que a veces confunden el cariño con la manipulación.
- El apasionamiento siempre es bien recibido. Sé fuerte y seguro de ti mismo en lo que crees y piensas.
- Recuerda que, muchas veces, los Ocho no son conscientes de cómo afectan a los demás.

LOS NUEVE

ARRIESGARSE AL CONFLICTO PARA LOGRAR UNA CONEXIÓN

Andy Gullahorn, un Nueve que es un músico muy talentoso, tiene una historia extraordinaria sobre su primer gran concierto cuando estaba en la preparatoria en Austin, Texas.

Las mejores cosas de mi carrera sucedieron cuando tenía dieciséis o diecisiete años. Comencé a tocar la guitarra en la preparatoria y aprendí rápido porque ya hacía mucho tiempo que tocaba el piano. La guitarra se convirtió en mi instrumento favorito. Una mujer que trabajaba con mi papá en su bufete de abogados tenía una banda de versiones de *country* y me preguntó si quería ser la guitarra rítmica en un evento fuera de Austin. Yo quería tocar con quien fuera en cualquier lugar, así que, por supuesto, le dije que sí.

El concierto fue en un cuartel de bomberos en Pedernales, Texas. Estaba divirtiéndome tocando con la banda y la gente cantaba y bailaba en el estacionamiento. Tocamos cuatro o cinco canciones y todos estaban pasando un buen rato cuando levanté la vista y vi a Willie Nelson caminando hacia nosotros. Era su cumpleaños y el cuartel de bomberos de Pedernales estaba al lado de su granja. Él conocía a la cantante y, luego de conversar un rato, ella le dijo: "Bueno, ¿quieres tocar algunas canciones?"

Willie dijo: "Sí, seguro". Subió y tocamos un par de horas. Yo estaba muy feliz de ser la guitarra rítmica y tocar la armonía en cualquier tono que Willie eligiera. Conocía todas sus canciones, así que no fue un problema para mí. Todos disfrutamos mucho. En un momento pensé: "Este es mi primer concierto real y ¡estoy acompañando a Willie Nelson!"

En realidad, nunca nos conocimos, pero, cuando terminamos, le dije: "Gracias", y él me contestó: "Gracias a ti". Eso fue todo.

¿QUÉ SUCEDE AQUÍ?

¿Cómo te imaginas en esta situación, de principio a fin?

¿Crees que tu reacción sería distinta a la de Andy esa noche tocando la guitarra con Willie Nelson?

¿Cómo explica el Eneagrama la diferencia entre la reacción de Andy y la que tú crees que tendrías?

Si eres un músico de dieciséis años en Texas y tu primer concierto se convierte en una noche acompañando a Willie Nelson con la guitarra rítmica, eso es algo muy importante. A menos que, por supuesto, seas como Andy: un Nueve que puede desprenderse emocionalmente de la experiencia de haber tocado con una leyenda de la música *country*. La verdad es que debemos conocernos basándonos en cómo nos relacionamos con los extraños para entender mejor cómo relacionarnos con la gente con la que compartimos cada día. Los Nueve tienen la capacidad de desconectarse en cualquier relación.

Los Nueve tienen una tendencia a evadir los eventos. Relacionarse con alguien, sin importar quién sea o por cuánto tiempo, es una experiencia de vulnerabilidad que resulta diferente para cada uno de nosotros. Los Nueve controlan esta exposición recordando que su presencia no es importante. Pueden contribuir con lo que tienen, o no, creyendo que, de todos modos, no afectará los resultados. Pero Willie Nelson tuvo una gran fiesta de cumpleaños en el cuartel de bomberos de Pedernales gracias, en parte, a que pudo tocar su guitarra y cantar las canciones que ama, y la música esa noche fue mejor para Willie y para todos porque Andy Gullahorn ya conocía todas sus canciones y pudo tocar la guitarra rítmica en cualquier tono. La presencia de Andy no fue insignificante para nadie, solo para él.

Cuando los Nueve pueden considerar la idea de que su presencia es importante, se genera un efecto positivo en todos sus encuentros con los demás, especialmente con aquellos que más aman.

EL MUNDO DE LOS NUEVE

De todos los números del Eneagrama, los Nueve son lo que menos energía tienen. Son despreocupados y poco exigentes. No agitan las aguas porque, en su experiencia, la intensidad y los deseos suelen terminar incomodándolos y dándoles problemas. Sin embargo, se necesita mucha energía para mantener esa actitud despreocupada todo el día.

Mi esposo, Joe, es un Nueve. Aunque es la mejor persona que conozco, se distrae con facilidad. Mi agenda tiene tantas actividades que rara vez estoy en casa un fin de semana que no sea festivo. Años atrás, en uno de esos fines de semana, Joe dijo que estaba tan feliz de tenerme en casa que había hecho planes para pasar esos días con una intención en mente: malcriarme. El plan era dormir, desayunar en la cama, ver películas, dormir siestas y pasar tiempo con él, lo que para mí es el mayor tesoro de todos.

El sábado en la mañana, cuando nos despertamos, me dijo que me quedara en la cama leyendo y prometió que regresaría con mi

> No puedes cambiar tu forma de ver, solo puedes cambiar lo que haces con tu forma de ver.

café. Elegí uno de los libros de mi mesa de noche y comencé a leer. Leí..., leí... y leí. Finalmente, oí que la puerta de entrada se abrió, luego escuché la puerta de la alacena abrirse y cerrarse. Noté que el periódico golpeó contra la mesa de la cocina y escuché el sonido de la alarma de la puerta del garaje. Había comenzado a preguntarme si se acordaba de que yo estaba en la casa cuando oí el chirrido de la puerta del garaje abriéndose, seguido por el sonido de la cortadora de césped.

Parada en el patio trasero, con las manos en la cintura y una expresión que Joe describe como curiosa y decepcionada a la vez, me sentí olvidada, irrelevante e ignorada. Al verme, Joe dejó caer la podadora e insistió en que regresara a la cama, diciendo que iría de inmediato con mi café. Momentos después, estaba allí, en la puerta de la habitación, con mi taza de café diciendo:

—¿Aunque sea quieres saber qué sucedió?

—¡Me estoy muriendo por saber qué sucedió!

—Bueno, estaba yendo a la cocina y escuché al gato del vecino en la puerta. Cuando fui a espantarlo, el diario estaba allí, así que lo tomé, le quité el plástico y lo tiré en la basura. Puse el periódico en la mesa y las páginas de anuncios estaban ahí a la vista. ¿Adivina qué? ¡En Home Depot, las cuerdas para la desbrozadora están en oferta! Sé que no sabes mucho acerca de eso, pero...

—Tienes razón, en realidad no sé nada de nuestra desbrozadora y su cuerda.

—Bueno, es muy costosa y viene en diferentes tamaños. Fui al garaje para ver qué tamaño utilizamos nosotros y la buena noticia es que la nuestra es la que está en oferta y venden dos por el precio de una. ¿No es genial? Así que volví a colocar la desbrozadora junto a la cortadora de césped y pensé: "Es una hermosa mañana. ¡Debería cortar el césped!"

Si estás en una relación con un Nueve, deberás aceptar que las distracciones le dan forma a su vida. Incluso cuando se concentran en su objetivo, muchas veces se pierden haciendo algo que no es parte del plan del día. Cuando se distraen y dejan de prestarte atención, no lo tomes de manera personal porque no tiene que ver contigo, se trata simplemente de *su manera de ver*. Los Nueve se van detrás de todo lo que pasa por delante de ellos sin importar la tarea que estén haciendo. A menudo, me dicen que están constantemente tratando de resolver su tendencia a distraerse.

CONFLICTO Y AUTOPROTECCIÓN. Todo el mundo evita algo, y los Nueve evitan el conflicto. Desde su perspectiva, son muy pocas las cosas por las que vale la pena discutir a menos que una decisión esté asociada a su integridad. Sin duda, no quieren perder tiempo discutiendo por lo que llaman "pequeñas cosas", tal vez ese es el secreto de su serenidad.

La gente se siente atraída por los Nueve y quiere llegar a conocerlos, pero, a veces, ellos sienten que los demás les exigen demasiado: quieren saberlo todo sobre ellos, quiénes son y qué defienden. Este puede ser un gran desafío, ya que tienden a unirse a las ideas y los planes de los demás para evitar el conflicto y, cuando lo hacen, muchas veces provocan que los otros se sientan un poco confundidos, preguntándose si los Nueve son de fiar.

El Dr. Chris Gonzalez, un terapeuta de matrimonios y familias, explica este fenómeno de los Nueve que se unen a los demás:

> He tenido problemas para encontrarme o entenderme a mí mismo porque tiendo a cambiar la expresión de mi personalidad de manera drástica y radical dependiendo de con quién estoy y dónde estamos. Si estoy con alguien que es muy expresivo emocionalmente, tiendo a ser muy emocional. Si las

personas que me rodean tienen personalidades dominantes o son propensas a tener conflictos y enojos poco saludables, elijo ser sumiso. Probablemente haga lo que sea necesario para apaciguar su ira y aumentar la paz.

Aunque la motivación para actuar así es mantener su sentido de la paz, Chris entiende lo confuso y nocivo que puede ser este comportamiento para futuras relaciones con personas que están presentes en su vida cotidiana.

Es posible que los Nueve nunca acepten el conflicto, pero pueden aprender a apoyarse en conversaciones difíciles diciendo con valentía lo que piensan y cuáles son sus preferencias sin perder nada. Cuando lo hacen, casi siempre es beneficioso para sus relaciones. Cuando no lo hacen, la otra persona tiene que adivinar, suponer o esperar. Mike McHargue (alias Science Mike, que conduce *The Liturgists Podcast* [El podcast de los liturgistas]) explica cómo el conflicto puede ayudar al crecimiento en las relaciones:

> Cuando entiendo que soy reacio incluso a los conflictos saludables que, en realidad, producen intimidad y fortalecen las relaciones, me permito tomar medidas intencionales para explorar y experimentar el conflicto cuando sea necesario para reducir algunos de los aspectos más débiles o más difíciles de mi personalidad. Ese es un entendimiento que nunca hubiese alcanzado sin el Eneagrama.

Adivinar, suponer o esperar en una relación es agotador, dañino y muy poco productivo. Como cualquier otra persona, los Nueve tienen deseos, ideas y preferencias. Y son perfectamente capaces de decirlas si están dispuestos a arriesgarse. Es más, sus relaciones son mejores cuando lo hacen.

PEREZA. Los Nueve son malinterpretados con frecuencia, pero de una forma buena. Siempre están trabajando, pero a veces trabajan en lo correcto en el momento equivocado. Hace poco, un Nueve me contó que escuchó a un pastor en Abilene, Texas, que redefinía la pereza: "No es vagancia, es estar ocupado en algo que te impide llevar a cabo lo que deberías hacer". Luego de pensar en la pereza en estos nuevos términos, entendió muchas cosas. "Soy muy bueno haciendo algo y convenciendo a todos de que eso es importante, pero la verdad es que lo que me impulsa es descuidar esa otra tarea que debería estar realizando, pero no quiero hacer". Esta noción tan valiosa solo podría explicarla un Nueve.

Los Nueve obtienen su energía evitando lo que tienen que hacer. De hecho, algunos de sus mejores pensamientos, o los más creativos, suceden mientras evitan las tareas que, por una u otra razón, necesitan su atención inmediata. Sin embargo, quienes tienen una relación con los Nueve casi nunca entienden esta dinámica, creen que son vagos y asumen que, si hay que hacer algo, tendrán que llevarlo a cabo ellos mismos.

ACCIÓN CORRECTA. Uno de los aspectos más significativos del Eneagrama es que ofrece una red de seguridad para cada tipo de personalidad. La contraparte de los Nueve que se unen por el bien de la paz en asuntos que parecen intrascendentes se llama *acción correcta* y es importante para entender las relaciones. Cuando la decisión de obrar encierra un potencial de conflicto y consecuencias negativas, pero de todos modos se elige actuar, esto es considerado una *acción correcta*. Los Nueve *no* son personas débiles y maleables que no tienen límites, pero *sí* son personas que tienen una cantidad de energía limitada y piensan bien cómo utilizarla. Hay muchas cosas que otros números se toman muy seriamente y que a los Nueve ni siquiera los altera. Para ellos, la mayoría de las cosas no valen el riesgo y la pérdida que trae el conflicto, pero

> A veces los Nueve parecen distraídos o desconectados, pero eso no necesariamente significa falta de interés.

cuando algo es realmente importante, cuando requiere una decisión que tendrá consecuencias de por vida, los Nueve son comunicativos, valientes, comprometidos y decididos. Science Mike lo explica así: "He aprendido a decir con confianza lo que creo. Esa actitud me ha creado la imagen de alguien enfocado en el logro, pero lo que realmente sucede es que he encontrado un método para que mis esfuerzos pacificadores tengan éxito.

Las discrepancias acerca de dónde ir de vacaciones o incluso a cenar pueden ser inquietantes para los Nueve. Pero cuando tienen la seguridad de que necesitan tomar decisiones que conducirán a situaciones conflictivas importantes y extremas, actúan sin dudarlo. Hay cierto sentido de autoestima y valor que surge cuando se defiende algo que es tan importante como para arriesgarlo por lo que podría terminar siendo una falsa paz. Tal vez no suceda a menudo, pero cuando sucede, los Nueve y sus relaciones cambian para bien.

ENOJO. Al igual que los Ocho y los Uno, los Nueve están en la Tríada del Estómago (también llamada del Enojo) en la cima del Eneagrama. Tú sabes cuándo un Ocho está enojado contigo: son explícitos acerca del motivo y esperan tu respuesta para luego continuar con su día. Con los Nueve, que son pasivo-agresivos, no sucede de la misma manera. Son muy testarudos, tal vez los más tercos del Eneagrama. Se rehúsan a que los reten, los presionen o los obliguen a hacer algo, por eso, si ese es tu método para relacionarte con un Nueve, vas a experimentar una gran frustración, decepción y muy poco éxito. Los Nueve tienen sus formas de hacerte saber que se sienten heridos o enojados, pero ninguna de ellas es directa. Puedes evitar enredarte en las vagas sugerencias y demostraciones no verbales de dolor o insatisfacción de los Nueve, pero tomará algo de tiempo, energía y comprensión por parte de ambos.

> En la sabiduría del Eneagrama, la mejor parte de ti es también tu peor parte.

Como no son buenos estrategas cuando están enojados, los Nueve ganan tiempo con expresiones pasivas de sus sentimientos. Les preocupa que los intercambios verbales directos y agresivos terminen creando una división, pero también les preocupa contener su enojo una vez que le dan voz y rienda suelta.

Si involucras a los Nueve en una conversación difícil porque *tú* estás enojado, por lo general te van a escuchar hasta el final, pero manteniéndose al margen y luego, metódicamente, te evitarán a ti y al tema hasta que las cosas se tranquilicen. Sin importar donde se genere el enojo, es probable que ellos elijan alejarse e incomunicarse, creyendo que con el tiempo el problema se solucionará por sí solo. Los Nueve deben aprender que alejarse de situaciones como estas, muchas veces, aumenta la frustración y el enojo, en vez de "arreglar" las cosas.

Si tienes una relación con un Nueve, por favor, ten presente que cuando son pasivo-agresivos también están comunicando su dolor y desilusión, solo que no lo hacen de forma directa. Mi esposo, Joe, por ejemplo, generalmente me llama a la oficina de la casa una hora y media después de que se va a trabajar a su iglesia. Cuando las cosas no están muy bien en nuestra relación, no me llama hasta tarde en la mañana. Cuando pregunto si algo anda mal, suele negarlo y luego insiste en que tiene que colgar y llamará más tarde. Lo que realmente sucede aquí es que Joe se siente herido por algo que hice o dejé de hacer, o está enojado. Quiere que lo sepa, pero no desea hablar al respecto. Prefiere que yo me dé cuenta de que está disgustado, descubra el porqué, evite hacer lo que le molestó en el futuro y nuestra vida continúe como si nada hubiese sucedido.

LOS NUEVE Y LOS OTROS NÚMEROS

Los Uno: cuando los Uno han analizado detenidamente un asunto y están listos para avanzar, los Nueve a menudo prefieren no tomar una decisión. Tienen que recordar que, aunque es sabio esperar un tiempo, también hay un momento para actuar.

Los Dos: las relaciones entre los Dos y los Nueve son frecuentes y suelen ser exitosas. Los Nueve pueden contribuir a las relaciones enseñándoles a los Dos que reaccionar ante cada sentimiento que perciben de los demás no es necesario ni saludable. También pueden ayudar a los Dos a reconocer su tendencia a extralimitarse en la vida de los demás.

Los Tres y los Seis: los Nueve comparten una línea con ambos números en el Eneagrama: van al Seis en estrés y al Tres en seguridad. Necesitan la confianza de un Tres para saber que tienen algo valioso para ofrecer y que su participación plena en la vida es bienvenida por los demás. Los Seis les permiten darse cuenta de los momentos apropiados para aceptar que no se puede confiar en todos: el deseo de que la vida no los afecte será muy difícil para los Nueve que se rehúsan a reconocerlo.

Los Cuatro: en una relación a largo plazo con un Cuatro, la falta de intensidad de un Nueve puede convertirse en un problema.

Para ser justa, debo decir que después de trabajar en esto por años, Joe ha mejorado mucho respecto a comunicarse de manera directa y nuestra relación ha mejorado gracias a su esfuerzo. Si no hubiésemos conocido el Eneagrama, no sé si hubiéramos podido identificar esta reacción suya al dolor y la decepción y elegir trabajar en favor de algo diferente.

ESTRÉS Y SEGURIDAD

Ante situaciones de estrés, muchas veces, los Nueve se vuelven retraídos, indecisos, poco comunicativos, reservados y testarudos. Generalmente están ausentes (emocional y físicamente) y, si están presentes, son incapaces de conectar con los demás o no quieren arriesgarse a hacerlo. Los Nueve no quieren que nada los controle ni los afecte, lo que provoca que minimicen la importancia de lidiar con los obstáculos que ven. Pero los Nueve que viven siguiendo este patrón de comportamiento corren el riesgo de perderse oportunidades que nunca recuperarán. Cuando se trata de relaciones, la vida sucede en tiempo real y uno tiene que estar presente para aprovecharla.

Cuando los Nueve que están en una situación de estrés adoptan el comportamiento maduro y sano de un Seis, muchas veces son capaces de afectar consi-

> Algunos números del Eneagrama prefieren la previsibilidad, mientras que otros necesitan la espontaneidad.

derablemente su entorno. Con un poco del Seis, el Nueve suele ser más extrovertido, especialmente cuando se trata de lo que es mejor para el bien común. Nuestra hija Jenny, que es una Nueve y administra un sistema escolar católico, se convirtió en la voz de todo el cuerpo docente cuando cambiaron la escala de pagos de una manera que no honraba a los maestros que habían trabajado allí durante años. Tanto su voz como su participación fueron una sorpresa para todos. Los Nueve se preocupan mucho por los problemas de justicia, por eso no debe sorprenderte que, estresados, levanten la voz y entren en acción para corregir las cosas.

Cuando la vida transcurre sin contratiempos y se sienten seguros, los Nueve son capaces de aprovechar algunos patrones de comportamiento que suelen estar asociados con los Tres. En esencia, significa que se dedican de lleno a ser de provecho, actuar y alcanzar sus objetivos. En esta situación, se fijan metas alcanzables. Sus compañeros y colegas se sienten muy complacidos cuando los

Los Cinco: los Nueve tendrán que pedir lo que quieren y necesitan cuando mantienen una relación con un Cinco. Si pueden comprometerse a eso, será bueno para ambos.

Los Siete: los Nueve y los Siete comparten una visión maravillosa del mundo. Ambos son de mente abierta y aprecian igualmente la diversidad. Sin embargo, los Nueve deberán tener cuidado al seguirles la corriente para evitar la división. Los Siete necesitan que los Nueve sean conscientes de las consecuencias ya que ese no es el punto fuerte de los Siete.

Los Ocho: los Nueve no pueden permitir que los Ocho definan su relación. No es justo y muestra una falta de respeto mutua. Pero los Ocho y los Nueve pueden ser realmente una gran combinación si los Nueve se exponen y son auténticos.

Los Nueve: cuando los Nueve tienen una relación con otros de su mismo tipo, cada uno debería guiar el camino al cuestionar el *statu quo*.

Nueve dan un paso adelante, seguros de sí mismos, confiados en que harán lo que les corresponde.

LIMITACIONES EN LAS RELACIONES

Para un Nueve, es más difícil que para cualquier otro número saber cuál es su papel en una relación. Parece que llegan al mundo con un deseo de que la vida no los afecte y con una tendencia a fusionarse con las ideas y los planes de otros. Chris Gonzalez lo explica mejor que nadie que haya escuchado. Dice que en una conversación importante con otros, empieza a "perderse en lo que los demás hablan" con él o acerca de él. Sostiene que "es como mirar un espejo empañado, no puedo verme ni oírme a mí mismo porque intento ver a alguien diferente".

La respuesta de Chris nos da una visión clave:

> Cuando comparto el espacio con alguien que tiene límites definidos, automáticamente me fusiono con él. Tendría que poner mucha energía para separar lo que pienso y siento de lo que otra persona expresa con tanta claridad. Pero cuando la otra persona no está, puedo pensar con mayor claridad y saber lo que quiero, lo que pienso y lo que creo. Necesito invertir mucha energía en conocerme a mí mismo. Por eso, si utilizo esa energía para conocerte, tengo una amnesia extraña acerca de mí mismo.

En las relaciones con los Nueve, muchas veces apreciamos que se combinen con nuestros planes porque eso significa que podremos hacer las cosas a nuestra manera. Entonces, se vuelve sorprendente y problemático cuando, de pronto, se aparecen con una opinión o un deseo fuertes que entran en conflicto con lo que queremos. Aun así, es mucho mejor para las relaciones que los Nueve establezcan cierta coherencia al expresar lo que piensan, quieren y necesitan.

La comunicación con un Nueve puede ser confusa. No debería
sorprenderte que a menuda digan
precisamente lo que tú quieres o
no digan nada. Ellos lo ven como

> Los Nueve actúan mejor cuando
> cuentan con alguien que los
> ayuda a responsabilizarse
> por sus metas.

una forma de proteger su relación contigo. Hasta que no han trabajado en ellos lo suficiente, no tienen idea de que, en lugar de pre-
servarla, la están dividiendo cuando no son capaces o no están dispuestos a ser honestos.

Al pensar en los Nueve, en su manera de fusionarse y de ha-
bitar el mundo, sería fácil terminar creyendo que son propensos a
ceder ante la presión del grupo. Pero no es así. Desde su perspectiva, solo se fusionan o mimetizan dentro de un grupo en cuestio-
nes de poca importancia. Precisamente, los Nueve consideran que
son capaces de tomar sus propias decisiones y de actuar con base
en ellas, con o sin el apoyo de los demás. De hecho, son independientes, piensan independientemente y les gusta actuar solos. Son
perfectamente conscientes de lo que los demás quieren de ellos y
no van a arriesgar su propia integridad para unirse a una actividad
o pertenecer a un grupo. Sin embargo, al contrario de casi todos los
otros números, los Nueve no dicen nada acerca de su disconformi-
dad; no desean que nadie note su falta de participación.

Cuando yo era adolescente, hace mucho tiempo, la frase que
utilizábamos cuando queríamos un permiso para algo que nuestros
padres parecían no estar de acuerdo era: "Todos lo hacen", a lo que
nuestros padres respondían algo así como: "Si todos saltan de un
puente, ¿tú también saltarías?" Los Nueve no saltarían del puente,
pero te dejarían saltar si tú quieres hacerlo.

Cuando se trata de elecciones y comportamiento, los Nueve
son los menos controladores de todos los números. Su aprecio por
la independencia es una calle de doble sentido: ellos quieren la suya
y quieren que tú también tengas la tuya.

EL CAMINO JUNTOS

Muchas veces hablo acerca de mi amiga Patsy, que enseña a niños con discapacidad visual. Un otoño, en la reunión de orientación para padres y alumnos, un oftalmólogo trajo un par de lentes para cada padre que reproducía lo que sus hijos podían ver y lo que no.

El resultado fue increíble. Patsy me contó: "Los padres abrazaban a sus hijos y les decían lo orgullosos que estaban, mientras que los niños se regodeaban en los elogios que ansiaban desesperadamente". Los lentes especiales les revelaron a los padres los desafíos que enfrentaban sus hijos. "Los padres cambiaron sus expectativas por incredulidad cuando se dieron cuenta de todo lo que sus hijos debían realizar con una vista tan limitada".

Esta historia ha tenido un efecto importante en Bill Millican, que perdió la vista por una enfermedad congénita a los treinta y siete años. "Patsy nos dio un ejemplo real de las formas tan distintas de ver el mundo que tienen las personas y la importancia de hacer todo lo que podamos para ver el mundo como lo ven los demás".

En su vida profesional, Bill es un mediador. Me dijo que, como es un Nueve, casi siempre puede ver y ser empático con ambas partes de un conflicto. Dice: "Me queda claro que un buen mediador o conciliador es el que puede ver, entender y ser empático con cada lado de la vida. Esto no significa que no simpatice con una u otra parte en un conflicto, solo significa que puedo expresar claramente la visión de todos los participantes en la discusión. Al final, ¿no es eso lo que todos buscan? Una oportunidad de ser comprendidos cuando hablan de su forma de ver la vida".

Desafortunadamente, nuestra opinión sobre los demás se forma sin el beneficio de ver las cosas a su manera. Tal como los padres de esos niños, somos ciegos a los obstáculos que determinan la forma en que otros viven y navegan por el mundo. Sin duda, esta falta de visión afecta las relaciones.

Los Nueve ven los dos lados de todo, para bien o para mal. Esto hace que les resulte muy difícil tomar una decisión, por eso, en las relaciones, terminan fusionándose. Sin embargo, cuando los Nueve sanos están dispuestos a expresar lo que quieren, generalmente están en el camino correcto, avanzando en la dirección correcta y por las razones correctas. Cuando esto sucede, todos salen beneficiados.

Al fin y al cabo...

Entender lo que podemos controlar y lo que no, es parte del camino del Eneagrama. Los Nueve necesitan recordar que su voz es importante porque ellos lo son. Estas son otras cosas que debemos tener presentes acerca de los Nueve:

Pueden...

- aprender herramientas muy buenas para evitar algunos conflictos y resolver otros.
- aprender a controlar la tensión entre arrepentirse por ser obedientes y tener miedo de no serlo.
- reconocer que las relaciones son mejores cuando mantienen su identidad personal.
- dar pasos para abordar el conflicto de una forma sana y entender que evitarlo a menudo lo genera o empeora.

Pero no pueden...

- evitar siempre el conflicto.
- ignorar la realidad de que "después" no es un punto en el tiempo.
- evitar la división y la pérdida en las relaciones. Algunas pueden no durar y tal vez no están destinadas a hacerlo.
- esperar que las personas lean su mente.
- estar sanos y completos si se pasan la vida haciéndose a un lado para conectarse con otros.

Entonces, necesitan aceptar que...

- los problemas no se solucionan solos.
- hay momentos en los que deben hacerse valer sin importar el costo.
- no existe una relación sana en la que no haya enojos, decepciones y conflictos.
- su presencia en la vida de aquellos que los rodean es muy importante. Los demás cuentan con los Nueve, confían en ellos y quieren su participación completa en la vida que comparten.

Los Nueve necesitan mucha afirmación y afecto, por eso, si un Nueve tiene la fortaleza de decir un "no" honesto, hazle saber lo mucho que aprecias su honestidad y que no te vas a alejar, independientemente de su reacción. Estos son otros detalles que debes tener en cuenta cuando te relacionas con los Nueve:

- Tienen sus propios deseos, sueños y preferencias. Anímalos a mencionarlos.
- Exhórtalos a desarrollar una identidad propia en su relación contigo.
- Los Nueve aprecian, y tal vez necesitan, un ambiente pacífico.
- Quieren y necesitan tiempo a solas, su propio espacio e independencia.
- Evita decir: "¿No crees que deberíamos…?" La respuesta casi siempre será que sí y, muchas veces, puede no ser lo que el Nueve piensa o quiere. En lugar de eso intenta decir: "¿Tú crees que deberíamos…?"
- Enfócate en lo que los Nueve hacen y no en lo que se les olvida o hacen mal.
- No los interrumpas cuando hablan. Dales la oportunidad de que divaguen un poco, al final llegarán al punto.
- Recuerda que tienen un espíritu generoso. Si no están atentos, es fácil aprovecharse de ellos.
- No les gusta el conflicto, pero no significa que nunca deban encararlo. Los puntos de vista opuestos son parte de la vida.
- Anímalos a compartir sus quejas contigo.
- Quieren claridad, comunicación directa sin importar lo que se espera de ellos.
- Cuando se distraen con cosas secundarias, puedes redirigir su energía haciendo preguntas.
- Recuerda esto: un acuerdo no siempre lleva a la participación y, cuando los Nueve participan, no necesariamente es un indicio de compromiso.
- Los Nueve no toman decisiones personales rápidamente y, en general, no quieren tu ayuda.

LOS UNO

TODO SIEMPRE PODRÍA ESTAR MEJOR

Una tarde sofocante de verano, cuando estaba dando una conferencia introductoria al Eneagrama en Nashville, noté una pareja joven y hermosa que estaba sentada cerca de la primera fila. Amanda estaba bien vestida, atenta y parecía una persona muy amable. Christopher también estaba bien arreglado: una camisa perfectamente planchada, una barba minuciosamente recortada y una expresión de cuidadosa atención. Cuando comencé a enseñar acerca de los Ocho y los Nueve, escucharon con mucha atención, tomaron notas y, de vez en cuando, asentían en señal de aprobación y reconocimiento. Sin embargo, cuando comencé a hablar de los Uno, todo cambió. Parecían incómodos y sorprendidos. Se miraban entre sí o se inclinaban hacia adelante como para oírme mejor y, cuanto más hablaba, más preocupados se veían. Amanda lloraba de manera intermitente y Christopher intentaba consolarla mientras que, claramente, luchaba por controlar sus propios sentimientos.

En ese momento, sospeché que ambos eran Uno.

Cuando los Uno escuchan la descripción de su número, es un alivio y una sorpresa a la vez. Muchas veces asienten cuando describo su forma de ver. Se enderezan en el asiento cuando oyen acerca de sus dones para valorar cada situación y ver el potencial para mejorar. Capto toda su atención cuando les explico acerca de la crítica interna que les recuerda constantemente que pueden *hacer* cosas mejores y *ser* mejores.

Amanda dice: "Lo principal de los Uno es que nada es suficientemente bueno. Me esfuerzo constantemente para lograr la perfección, pero no hay forma de alcanzarla. Es imposible". Cristopher coincide con ella: "Cuando algo está bastante bien, es suficiente para los demás, pero yo debo tener toda la razón, no solo un poco. No quiero obtener una C, quiero obtener una A+".

¿QUÉ SUCEDE AQUÍ?

¿Cómo crees que sería tener una voz crítica interna que constantemente te dice que nada es lo suficientemente bueno?

¿Cómo puede afectar esa voz y su demanda de perfección a tus relaciones?

¿Cuál es la diferencia, en tu opinión, entre ser bueno y tener la razón?

Cuando se trata de relaciones, es muy importante recordar que no puedes cambiar tu forma de ver, solo puedes cambiar lo que haces con tu forma de ver. A diferencia de los Uno, algunos números no se dan cuenta de qué es lo que está fuera de lugar o lo que no está funcionando y otros tal vez lo noten, pero no les importa. Con todo esto en mente, puedes ver que *perfección* es una palabra que se asocia mucho a los Uno, pero a ellos no les gusta.

Cuando Ian Cron y yo escribimos *El camino de regreso a ti*, conversamos mucho acerca de qué nombre ponerles. Los Uno que conozco sugirieron "reformador" o "evaluador", y los tuvimos en cuenta junto con otras sugerencias que recibimos. La verdad es que la mayoría pasan gran parte de su vida buscando la perfección en el pensamiento, las palabras y los hechos. Lo hacen por buenas razones, pero eso no cambia el hecho de que lo hagan. Y la perfección es como una escultura de hielo: dura hasta que hay un cambio en la atmósfera.

> El Eneagrama nos enseña que las nueve formas en las que afrontamos las crisis son habituales y predecibles.

Si tienes relación con un Uno, debes saber que tendrás que luchar con una crítica que no puedes oír, pero que encuentra defectos en casi todo lo que el Uno hace o piensa y le dice que está errado de una forma terrible e irreparable. Desafortunadamente, su método de supervivencia es encontrar defectos en los demás, muchas veces en *ti*. Ellos creen que ser crítico es ser atento, por eso hay que enseñarles que no todos sienten lo mismo cuando los corrigen o los animan a mejorar.

Para los Uno, como Amanda y Christopher, su relación es hermosa y complicada: comparten un deseo de perfección, pero tienen distintas prioridades sobre lo que necesitan perfeccionar. Para esta pareja, sus voces críticas individuales serán una fuerza con la que tendrán que lidiar toda su vida. Ellos lo están intentando, pero su desafío es aprender a aceptar cierta cantidad de imperfección en ellos mismos y en los demás, para luego encontrar una forma de sentirse cómodos con eso.

EL MUNDO DE LOS UNO

La primera respuesta de un Uno para todo es: "¿Cómo puedo mejorar esto?" Eso es algo bueno, siempre y cuando reconozcan que otras personas pueden pensar: "¿Cómo puedo terminar esto y avanzar?" "¿Tengo que terminarlo o puedo vivir con lo que ya he hecho?" "Seguramente esto sea suficiente" o incluso "¿Qué importa si le falta una pequeña parte? Si quieren seguir acomodándolo que lo hagan ellos". No es fácil para los Uno entender, y mucho menos respetar, a las personas que no quieren dar lo mejor de sí en cada intento. Les cuesta trabajo aceptar cualquier cosa que no sea la mejor. Y si lo intentan, eso que no es lo mejor tiende a hacerlos desdichados.

Uno de mis estudiantes más antiguos me contó una historia que ilustra este deseo de perfección. Comenzó diciéndome que yo le había arruinado la vida. Como estoy acostumbrada a que la gente me diga que he salvado su vida o que lo ha hecho el Eneagrama, no supe cómo responder.

—¿Cómo te arruiné la vida?

—Bueno, como seguramente sepas, ahora estoy en el seminario, por eso necesito más espacio para los libros. Compramos una de esas estanterías que requieren una llave Allen, un poco de ensamblaje, sentido del humor y mucha paciencia. En las instrucciones había un diagrama de todas las partes y la advertencia de que, si faltaba algo, debía llamar al número gratuito que estaba al final de la página, garantizándome que recibiría mi pedido en diez días hábiles.

Cuando descubrí que, efectivamente, faltaban dos clavos, un tornillo y una tapa decorativa de tornillos, pensé que sería mejor pedirlos y hacerlo bien. Entonces escuché tu voz en mi cabeza hablando de esa forma en que tú hablas: "¿Quién hace eso?" En la debilidad del momento, coincidí contigo. Ignoré las otras voces que tenía en la cabeza, abandoné mi sentido común y armé la estantería sin las piezas faltantes.

Lo felicité por acomodarse a esas pequeñas imperfecciones, pero pronto dejó bien claro que él no estaba orgulloso de la decisión que había tomado ni estaba agradecido por mi influencia. Me dijo:

> El problema comienza cuando los diferentes tipos del Eneagrama intentan ponerse de acuerdo en lo que deben hacer.

—¡Ahora no soporto estar en la misma habitación que esa maldita estantería! Cada vez que la miro, pienso en esas piezas que faltan y en mi irresponsabilidad por armarla de esa forma tan *perezosa*. Al final, se convirtió en una distracción tal que tuve que pasarla al fondo de la casa, donde casi no la veo. Cada vez que pienso en esa estantería, me decepciono de mí mismo.

> Cuando terminan un proyecto, los Uno suelen enfocarse en lo que podrían haber hecho mejor en lugar de celebrar su culminación.

No hay otro número del Eneagrama que demande tanto y recompense tan poco. La imperfección está en todos lados, incluso aunque se consiga algo parecido a la perfección, dura casi lo mismo que un copo de nieve en el sol del mediodía. Para la mayoría de nosotros, es difícil imaginar el agotamiento de vivir con una voz interior criticándonos y enjuiciando nuestras acciones todo el tiempo. Sin embargo, si intentamos compartir la vida con los Uno e ignoramos estas realidades, hay muy pocas posibilidades de que nuestras relaciones sean placenteras.

ENOJO. Casi todos los veranos, mi madre, como muchas otras mujeres de la comunidad agrícola y ganadera de Texas donde crecí, envasaba para conservar los vegetales y las frutas frescas que crecen abundantemente en verano. Ella y los vecinos pasaban un día o más a la semana enlatando el maíz, las judías verdes y los tomates en enormes, pesadas y complicadas ollas de presión que eran un misterio para mí. El vapor de la olla se medía con un regulador que se ponía encima, se balanceaba cuando la presión era correcta y salía volando cuando era demasiada.

Esta imagen del vapor acumulado en una olla de presión es una buena forma de describir lo que sucede con el enojo en los Uno. A veces, hierven de ira. Esto afecta sus relaciones y causa un profundo arrepentimiento; por eso, es muy importante que ellos y sus seres queridos acepten toda la ayuda que necesiten para manejar su enojo.

Ten en cuenta que, por lo general, los Uno no explotan y gritan para manifestar su enojo, sino que lo hacen a través de algo más solapado: *el resentimiento*. Cuando se enojan por algo, primero dirigen esa ira hacia ellos mismos y la sienten como vergüenza por las fallas y los errores de ellos y de los demás. La vergüenza agrega una cualidad amarga que termina en un resentimiento complejo, algo que los demás necesitan entender al relacionarse con los Uno.

Jenay es esposa, madre de tres varones adolescentes y administradora de una preparatoria. Es una típica Uno: organizada, muy detallista, trabajadora y el tipo de amiga que no dudaría en recogerte en el aeropuerto a las 2 a. m. Pero admite que se ha descarrilado en más de una ocasión a causa de sus actitudes de Uno.

Una de esas veces fue durante unas vacaciones familiares con sus dos hijos pequeños y otro en camino. Jenay recordó: "Nos alojábamos con nuestra familia de Phoenix y decidimos hacer un viaje de un día a Sedona. Yo había planeado tomar algunas fotos hermosas de los niños, especialmente algo que pudiéramos utilizar para la tarjeta de Navidad".

Desafortunadamente, a solo unas millas de su destino, Jenay se dio cuenta de que la cámara no estaba en el auto. "Honestamente, al principio quería culpar a mi esposo. Pero tuve que controlar ese deseo bastante rápido, ya que él *nunca* toma fotografías, la cámara era mía y, simplemente, se me había olvidado". Esto fue antes de que existieran los teléfonos celulares, así que el esposo de Jenay se detuvo en un Walgreens y salió con una cámara desechable. "Todos los paisajes de Sedona eran muy pintorescos y yo estaba tomando fotos con una cámara desechable. *¡Una cámara desechable!*"

Jenay admite que se comportó como "una completa gruñona que apenas hablaba" mientras caminaban y exploraban la belleza de las rocas rojas. A la hora del almuerzo, ya se había tranquilizado, pero, obviamente, seguía distraída por el error que había cometido. "En ese momento, mi esposo, amorosamente, pero con firmeza, me miró a los ojos y dijo: *Tienes que olvidarte de eso, no puedes dejar que una estúpida cámara arruine todo nuestro día*".

Con frecuencia, los Uno se pierden el panorama general porque se enfocan compulsivamente en lo que está mal o fuera de lugar. Jenay admite: "Teníamos dos pequeños adorables que estaban emocionados por la aventura de explorar y yo era un desastre. Simplemente, no podía dejar de lamentarme por haber dejado la cámara. Aunque desde entonces he aprendido a no permitir que me consuma el odio a mí misma, el recuerdo de la cámara olvidada sigue siendo la memoria más vívida que tengo de ese día".

Es importante saber que los Uno muchas veces se frustran, pero rara vez se enojan por el motivo aparente. Jenay estaba frustrada por haber olvidado la cámara, no porque no pudo capturar los momentos del día, sino porque olvidarla significaba que había cometido un error. Cuando los Uno se enojan, lo niegan, lo bloquean, le cambian el nombre y siguen adelante. Entonces, lidian con el enojo perfeccionando algo que pueden controlar, como asegurarse de recordar todas las cosas (¡con listas de verificación!) en el próximo paseo.

Los Uno aman profundamente y bien. Hacen todo lo posible para proteger y cuidar a aquellos con los que tienen una relación. Son considerados, cuidadosos, atentos y comprensivos, pero es difícil hacer bien las cosas con un Uno, incluso en una relación. Trata de recordar que sus respuestas tienen mucho que ver con su punto de vista y cuando no fallan ellos, ven imperfecciones por todos lados. Ten en mente que los Uno también son mucho más duros consigo mismos que con los demás y que se arrepienten profundamente cuando pierden la paciencia y sus expectativas son irracionales, especialmente en casa.

DESCONEXIÓN DEL PENSAMIENTO. Los Uno tienden a ver la vida como responsabilidad y trabajo. Se enfocan en lo que sea que esté sucediendo justo frente a ellos y luego intentan reaccionar de forma apropiada haciendo lo que la situación amerite. Les preocupan mucho sus actos y qué tan bien reaccionan en cada situación. Muchas veces, esto limita la energía que les queda para las necesidades emocionales y las expectativas en sus relaciones.

Afortunadamente existe una solución. Pero los Uno tienden a rechazarme cuando les señalo que, muchas veces, no reflexionan cuando deciden lo que les corresponde hacer y cómo deben hacerlo. Creen que están pensando todo el tiempo, pero la verdad es que un diálogo interno constante con este crítico molesto no es lo mismo que meditar. De hecho, muchas veces, lo que los Uno confunden con pensar es, simplemente, la respuesta rápida a su crítico interior. Mary, una sacerdote episcopal, esposa y madre de dos hijos, lo explica de esta forma:

> Los Uno, por lo general, son los primeros en actuar frente a una necesidad.

> Los Uno siempre sabemos que hace falta hacer algo más, por eso no nos damos ninguna oportunidad para relajarnos, además, involuntariamente, eso hace que las personas con las que nos relacionamos tampoco puedan relajarse. Por eso, si estoy en casa, sin importar si hablo o no, y estoy inquieta porque sé que aún tengo algunas cosas por hacer en mi lista, no puedo tranquilizarme. No hay ninguna razón por la que esas cosas no puedan hacerse mañana, no es necesario que las haga hoy, pero mi pensamiento es: "Tengo un poquito de tiempo y debería terminar eso". Cuando respondo a ese impulso de continuar haciendo cosas, estoy diciéndoles a todos en mi casa que ellos tampoco pueden relajarse. "Si yo estoy trabajando, ustedes también tienen que hacerlo. Si yo no estoy tranquila, ustedes tampoco pueden estarlo".

Si los Uno pudieran equilibrar su impulso de hacer cosas con la sensibilidad de los sentimientos y con un poco de criterio reflexivo, tal vez podrían tomar decisiones diferentes. Elegir algo distinto puede aumentar la calidad y la salud de sus relaciones.

MIEDO A SER MALOS. Tengo muchos Uno en mi vida y realmente me agradan. Son encantadores, interesantes y atractivos. Aunque los Uno parecen ser firmes y bastante seguros de sí mismos, sabemos que todos le tenemos miedo a algo y los Uno tienen miedo a ser malos. Como han llegado a creer que cumplir las expectativas de otros, de alguna manera, los hará sentir más valiosos y les dará un poco de esa seguridad tan deseada, las relaciones terminan siendo más un espacio para actuar bien que para amar bien.

Sin embargo, cuanto más se enfocan en lo que otros quieren de ellos, más pierden el contacto con sus propias necesidades y deseos. Una vez que este patrón se pone en movimiento, solo consideran su propia bondad al compararla con lo que los demás definen como bueno. Después de un tiempo, las reglas, las normas y las directrices se convierten en los límites que determinan la manera en que evalúan el éxito o el fracaso de su día. Desafortunadamente, los Uno muchas veces me dicen que no pueden estar a la altura de las normas que se han fijado y la posibilidad de mejorarlo todo parece perseguirlos como una sombra.

Tengo mucho respeto y cariño por los Uno. Cuando visten este manto de miedo y expectativa en la adultez, la vida puede ser muy exigente. En la relación con un Uno, es muy importante la honestidad, pero decirles que son buenos de manera que puedan escucharlo es un regalo aún más grande. Hazlo siempre que puedas de todas las formas que puedas.

ESTRÉS Y SEGURIDAD

En sus mejores días, cuando los Uno están en un punto sano en sus relaciones, son relajados, encantadores y divertidos. Siempre son meticulosos, por eso suelen hacer un gran trabajo en todo lo que sea importante para ellos. En su mejor momento, pueden dar cabida a las diferencias de opinión sobre lo que significa hacer un "buen trabajo".

Cuando los Uno están en un espacio promedio bajo, son argumentativos e inflexibles. Tienen muchas expectativas y, cuando no las cumplen, enseguida se llenan de resentimiento. Son exigentes e impredecibles, y tus esfuerzos por complacerlos muchas veces pueden fallar. Estos comportamientos representan un exceso en su personalidad, y eso nunca es bueno. Todos tenemos problemas cuando estamos en los momentos más bajos de la conducta promedio de nuestro número. Por eso, para respetar nuestras relaciones, debemos tener cuidado con esas actitudes que exageran las cosas que parecen importantes desde nuestro punto de vista, pero que terminan separándonos de las personas que nos interesan.

Cuando los Uno experimentan demasiado estrés, comienzan a dar un valor moral a los errores. Si los demás no cumplen con un compromiso o se olvidan una reunión, eso puede intensificarse. Los Uno primero pueden tildar a sus colegas de vagos o indiferentes, pero esos adjetivos podrían convertirse en etiquetas como inútil o bueno para nada, que pueden herir, dañar y hasta cambiar una relación para siempre. Ten en cuenta que ese comportamiento se deriva de la forma en que los Uno se desaprueban a sí mismos cuando cometen un error o no cumplen con un compromiso, por eso, hacen lo mismo con los demás. Sin embargo, otros números no abusan de sí mismos ni de otros de esa forma y no pueden tolerar esa actitud.

La respuesta natural de los Uno bajo estrés es enfocarse en lo que pueden perfeccionar. Tengo una gran amiga Uno que dice: "Cuando el mundo se va a al infierno, limpio el baño".

Afortunadamente, el Eneagrama nos muestra los movimientos intuitivos hacia otros números que pueden evitarnos el dolor y el sufrimiento mientras nos ayudan a proteger nuestras relaciones.

En momentos de estrés, los Uno van hacia los Cuatro, donde pueden estar en contacto con una forma distinta de vivir y expresar sus sentimientos. Con la energía de los Cuatro, no tienen que aceptar la idea de que son malos, corruptos, vagos o estúpidos (algunas de las calificaciones que los Uno tienen para sí mismos). En lugar de eso, pueden ponerse en contacto con algunos sentimientos que no necesitan arreglo. Esto es bueno: el crítico interior no puede hacer tanto alboroto sobre los sentimientos como lo hace con las acciones, así que los Uno tendrán un respiro. Luego pueden reorganizarse y volver a conectarse con el mundo de una forma mucho más sana.

Cuando los Uno se sienten seguros, obtienen la energía y el comportamiento de los Siete, lo que les permite relajarse un poco. Pueden ver la vida, el trabajo y las relaciones con menos críticas, más aceptación y paz. Además, pueden permitirse un poco de diversión.

Mi papá era un Uno y mi mamá era un Cinco. Cuando me adoptaron, deben haber trabajado muy a fondo con todas las diferencias en ambas formas de ver el mundo. Ellos se adoraban. A mí me parecía que jugaban tanto como trabajaban, pero cuando trabajaban se tomaban los resultados muy en serio. Mi mamá solía

LOS UNO Y LOS OTROS NÚMEROS

Los Uno: los Uno que se relacionan entre sí sentirán que los entienden. Sin embargo, la inconformidad perpetua hace que la superación sea la vara que mide la mayoría de los aspectos de la relación. Sin duda, algunas cosas ya son bastante buenas así como están.

Los Dos: los Uno y los Dos reaccionan ante la vida de diferente forma. Los Uno son prácticos mientras que los Dos son relacionales. Los Uno tienden a pensar que los Dos no pueden mantenerse concentrados, mientras que los Dos piensan que los Uno son demasiado rígidos, pero ambos necesitan cultivar el arte del compromiso.

Los Tres: los Uno y los Tres quieren que las cosas se hagan y quieren ser los mejores. Pero los Tres toman atajos, mientras que los Uno creen que cada paso de una tarea debe darse correctamente. Los Uno deben tener cuidado de no juzgar caminos diferentes para llegar a la misma meta.

Los Cuatro: los Uno suelen reprimir sus necesidades emocionales, por eso pueden aprender a enfocarse en los sentimientos como los Cuatro en lugar de caer en el patrón de pensamiento dualista. Además, los Cuatro pueden beneficiarse de la capacidad de los Uno de enfocarse y llevar las cosas hasta el final. Esta relación puede ser muy ventajosa para ambos.

Los Cinco: al relacionarse con los Cinco, los Uno necesitarán dejar de lado la idea de que el silencio representa crítica. Los Cinco son silenciosos la mayor parte del tiempo y muy pocas veces, si es que sucede, son críticos. Los Uno deben evitar hacer suposiciones sobre lo que otros piensan.

Los Seis: junto con los Dos y los Seis, los Uno reaccionan ante todo lo que suceda justo frente a ellos, en parte porque su reacción inicial es *hacer* algo. Los Uno deben tener presente que su forma no es la única correcta.

Los Siete: los Siete necesitan la disciplina de los Uno y los Uno necesitan la flexibilidad de los Siete. Con un poco de conciencia, pueden llegar a ser un gran equipo.

Los Ocho: los Uno y los Ocho son dualistas, pensadores del bien y del mal. Ambos creen que están en lo correcto casi siempre y a veces tienen la tendencia a reaccionar sin pensar. En el lado más positivo, los Uno aprecian que los Ocho sean tan libres mientras que los Ocho admiran la disciplina de los Uno.

Los Nueve: los Uno tienen mucho en común con los Nueve, ambos reprimen el enojo, aunque por distintas razones. A ambos les gusta meditar sobre las decisiones mucho tiempo, así que deben tener en cuenta que alguien tendrá que entrar en acción cuando llegue el momento.

decir: "Cuando a tu papi le sale algo mal, se le rompe el corazón, pero cuando lo hace bien, todo está bien en el mundo".

LIMITACIONES EN LAS RELACIONES

Los Uno tienden a exagerar su esfuerzo por hacer las cosas bien: piensan demasiado, hablan demasiado, evalúan demasiado y planean demasiado. Esta tendencia a exagerar todo se debe a su deseo honesto y profundo de hacer las cosas de la forma correcta. Son personas maravillosamente responsables, pero cuando asumen mucha responsabilidad por ellos y por otros, pueden sentir un poco de enojo y resentimiento. Por eso es muy importante que minimicen la tentación de hacer cosas de más y se detengan para preguntarse: "¿Qué es lo que me corresponde hacer?"

La mayoría de nosotros no somos tan observadores como los Uno. Ellos están conscientes de sí mismos, de los demás y de sus alrededores. Este tipo de atención puede ser un don para cualquiera, pero también se puede convertir en una limitación. Recuerda, los Uno son las únicas personas del Eneagrama que realmente creen que cada paso de una tarea debe hacerse de forma correcta, así que deberán tener cuidado de que los altos estándares que se fijan no se conviertan en expectativas absurdas para los demás. También tienen que aprender a reconocer cuando las cosas son lo suficientemente buenas como para dejarlas como están.

Muchas veces, animo a los Uno a prestar atención a esos momentos en que se toman las cosas demasiado en serio. Cuando los Uno se vuelven extremadamente prudentes sobre muchas cosas —las piensan mucho o les prestan demasiada atención—, pueden llegar a ser muy duros con otros y con ellos mismos y les cuesta mucho relajarse, incluso cuando sienten que deberían hacerlo.

EL CAMINO JUNTOS

Un Domingo de Pascua, hace algunos años, nuestros cuatro hijos y sus hijos nos acompañaron a la iglesia donde mi esposo, Joe, era pastor. Por alguna razón, todos mis nietos querían sentarse junto a mí, tal vez porque sabían que los servicios de Pascua duraban más y yo casi siempre tenía dulces en mi bolso. Era un día caluroso en Dallas y yo traía una chaqueta de lino color pastel que, entrada la mañana, ya estaba bastante arrugada.

Cuando Joe estaba comenzando su sermón, mi nieto Noah, que tenía ocho años, me golpeó el brazo y susurró:

—Abuela, ¿se te rompió la plancha?

—No querido, ¿por qué?

—¡Tu chaqueta se ve fatal! ¿Por qué no la planchaste?

Amo a mis siete nietos y tengo el corazón lleno de esperanza de que, de alguna forma, mi trabajo con el Eneagrama mejore su mundo. No sé con certeza cuáles son sus números, pero estoy bastante segura de que Noah es un Uno. Le respondí cariñosamente:

—Oh, ¿te refieres a las arrugas? Esta chaqueta es de lino y el lino siempre se arruga. Pero todos lo saben, así que está bien.

Se quedó en silencio unos minutos y luego me volvió a dar un toque para decirme:

—Apuesto a que el abuelo está muy avergonzado. Es que no queda bien, Abu.

Susurrando, le expliqué que Joe no estaba avergonzado y que Noah debería guardar silencio e intentar escuchar. Me concentré en el púlpito, esperando que Noah también lo hiciera, pero él no podía dejar de mirar mi chaqueta arrugada. Finalmente, se levantó y se fue hasta el otro extremo del banco. Supongo que pensó que era el único lugar donde encontraría paz.

Tal vez esta es la lección para los Uno: si no puedes soportar lo que ves, alejarte puede ser de ayuda.

Sin embargo, la lección para los que amamos a los Uno es recordarles que deben ser bondadosos consigo mismos, simplemente porque hacerlo es *correcto*.

Al fin y al cabo...

Quizá más que cualquier otro número, los Uno tienen problemas para aceptar la realidad de que hay ciertas cosas que deben aceptar. Aquí hay otros detalles acerca de ellos que debes tener presentes:

Pueden...

- tener gente en su vida que "los entienda": otros Uno o personas que comprendan sus rasgos.
- ser amables cuando otras personas no hagan las cosas de la forma en que ellos creen que deberían realizarlas.
- buscar la perfección, pero no pueden conseguirla. La perfección es momentánea y luego pasa algo que lo cambia todo.
- esforzarse para dejar todo mejor de como lo encontraron, pero no pueden hacerlo solos.

Pero no pueden...

- tener paz interior si continúan comprometiéndose con normas internas que aumentan constantemente.
- medir con precisión su propia bondad y valor si se basan en el parloteo constante de su crítico interior.
- vivir en un mundo donde todos prestan atención a los detalles de la misma forma en que ellos lo hacen.
- cambiar el punto de vista de los demás.
- esperar que otros números logren la perfección como ellos la definen. No es solo cuestión de preferencias, sino de su forma de ver las cosas, y eso no cambiará, independientemente de lo que los Uno hagan o digan.

Entonces, necesitan aceptar que...

- su forma de pensar o actuar no es la única correcta.
- algunas cosas, quizá muchas, son lo suficientemente buenas.
- deben dejar de trabajar para que ellos y los demás puedan descansar.
- son buenos, realmente buenos, tal como son.

Como los Uno muchas veces dudan de su valor y su mérito, necesitan oír y creer que son buenos y amados. De alguna forma, la voz crítica interna también es parte de la relación. Aquí hay otras formas de desarrollar tus relaciones con los Uno:

- Tienden a hacer más críticas que elogios, por eso, probablemente sean más elocuentes al hablar sobre tus errores que sobre tus aciertos. Enséñales que, muchas veces, los elogios funcionan mejor para ti.
- Trata de evitar que sientan la necesidad de demostrarte que son buenos o que están haciendo bien las cosas.
- Sé cuidadoso y amable cuando señales sus errores: para un Uno puede ser abrumador que seas demasiado duro.
- Admite tus errores en la relación.
- Valora su empeño y acepta sus altos estándares sin quedar atrapado. Ambos representan *su* forma de ver el mundo, no la tuya.
- Los Uno aprecian la equidad. Trabajan duro y esperan lo mismo de ti.
- Necesitan que seas leal y digno de confianza porque ellos lo son.
- Cuando tengas un conflicto con un Uno, hazle saber que quieres resolverlo. Necesitan oír que tú estás dispuesto a solucionar los problemas.
- Les gusta que aprecien todo su esfuerzo, por eso suelen gustarles las cartas, las notas, los reconocimientos y los pequeños regalos.
- Les gusta el orden, así que será de gran ayuda que respetes eso en los espacios que compartes con ellos.
- Sé cuidadoso con los comentarios y las bromas improvisadas. Los Uno son muy sensibles a la más mínima crítica.
- Fomenta las vacaciones y el tiempo fuera del trabajo y las responsabilidades, crea tiempo libre en casa y ayúdalos a procesar su día de manera verbal.
- Cuando las cosas se vuelven conflictivas, muchas veces es por la forma en que los Uno ven el mundo y no tiene nada que ver contigo. En esos momentos, lo único que puedes hacer es esperar hasta que cambie algo, ya sea en ellos o en la situación.

LOS DOS

¿TUS SENTIMIENTOS O LOS MÍOS?

Hace unos años, entablé una conversación con Hunter, cuya vocación es una combinación sorprendente entre pastor a tiempo a tiempo completo y abogado a tiempo parcial. Hunter es un Dos, como yo, así que nuestra conversación rápidamente se centró en lo que nos gustaba más de ser Dos.

—Bueno, la cuestión de practicar la ley —me dijo— es que siempre estás buscando eso que la persona no te ha contado. Siempre que un cliente viene a tu oficina, hay un hecho importante que no va a revelar, por eso debes tratar de intuir qué es lo que no te está diciendo. Mientras escuchas a la persona, estás tratando de discernir lo que no está revelando.

Sin duda, ese era un territorio familiar para mí, por eso le pregunté:

—¿Y qué sucede con ese mismo don en tu tarea como pastor?

Luego de una pausa, Hunter admitió que era complicado. Por un lado, ser relacional y estar dispuesto a ayudar a otros le da una habilidad única como pastor. Pero, por otro lado, los Dos pueden tener límites terribles y pueden encontrarse "enredados en la vida de las personas de formas que no son útiles para ellos ni para nosotros".

Entonces, Hunter confesó:

—Otra cosa que diría que es difícil es que ser pastor puede ser un trabajo muy solitario. No hay reciprocidad. Para los Dos, la relación siempre se basa en el otro. No puedes decir lo que quieres o sientes porque eso podría causar una desconexión.

Entonces, comenzó a describir la soledad que vivía en su trabajo, donde se encontraba tan absorto en ayudar a otros que se olvidaba de él mismo.

—Es muy difícil saber quién soy cuando estoy solo. Quiero ver reacciones de otras personas que me demuestren que me aprecian, pero no quiero pedírselas y, si recibo elogios de los demás, no tengo idea de cómo reaccionar. Por eso, los momentos más complicados de mi trabajo semanal como pastor son esos veinte minutos después de que predico un sermón. Después del servicio, deseo desesperadamente que se forme una línea y oír a la gente decirme: "Ese es el mejor sermón que he escuchado en mi vida". Pero cuando lo escucho, no puedo confiar en ese criterio. Por eso, en realidad, diría que no lo disfruto. Es como algo que necesito, pero que no soy capaz de disfrutar. Necesito que la gente me reafirme y reafirme mi trabajo, pero no puedo recibirlo, así que he aprendido a eludirlo. Simplemente, desvío la conversación para hablar de la otra persona y no de mí.

¿QUÉ SUCEDE AQUÍ?

Cuando escuchas las historias de otras personas, ¿te preguntas qué es lo que no están contándote?

¿El impulso de Hunter por percibir y responder a las necesidades y deseos de lo demás te suena familiar?

¿Por qué piensas que Hunter cree que decir lo que necesita, quiere o piensa provocará desconexión con la otra persona?

¿Confías en los elogios que te hacen? ¿Por qué?

Los Dos leen el mundo con los sentimientos. Conectan con los demás reconociendo sus sentimientos y responden haciendo algo. Expresan las emociones tan fácilmente que podrías pensar que esos sentimientos son suyos, pero ese casi nunca es el caso. Los Dos experimentan los sentimientos de los demás y les resulta muy difícil decir qué es lo que *ellos* realmente sienten. Esa es una dura verdad que tiene muchas consecuencias en la relación con un Dos.

EL MUNDO DE LOS DOS

Para los Dos, todo se basa en las relaciones. Se abren paso en el mundo conectándose con casi todas las personas que encuentran a su paso y forjando una relación con todos los que puedan, siempre o casi siempre. Esta es la forma en la que se conocen a sí mismos. Probablemente, tenía unos cincuenta años cuando comencé a presentarme como "Suzanne Stabile" en vez de hacerlo a partir de mis relaciones, como: "Soy la esposa de Joe" o "Soy la hija adoptada de Doc y Sue" o "Soy la mamá de Joel" o "Soy la abuela de Will".

Los Dos no saben quiénes son a menos que alguien más se los diga. Un Dos dijo:

> Cuando voy a un retiro de silencio, literalmente no puedo pensar en nada más que en la relación con mi esposo, mis hijos, mis amigos y mis colegas. Cuando oro, oro por los demás. Cuando leo, pienso en cómo podría ayudar a alguien más lo que estoy leyendo. Cuando nos enfocamos tanto en los demás, nos queda poca energía para conocernos a nosotros mismos; por eso, las preguntas más difíciles que pueden hacerme son: "¿Qué quieres?" y "¿Qué sientes?" Literalmente, no sé las respuestas, porque aunque soy una persona sentimental, como la mayoría de los Dos, casi nunca sé cuáles son mis sentimientos ni los expreso.

Orgullo. Los Dos creen que todos son su responsabilidad de una forma u otra y se enorgullecen de resolver las necesidades de los demás. Esa es su pasión (o su pecado). En nuestra conversación, Hunter me dijo: "Recuerdo que cuando era niño, me sentía completamente devastado si no le agradaba a alguien. Ese es el orgullo de ser el mejor, el que más ayuda y el más amado". Don Riso y Russ Hudson definen el pecado del orgullo de los Dos como "la incapacidad o la falta de voluntad para reconocer las necesidades propias y el sufrimiento por atender las necesidades de alguien más". Esta incapacidad de identificar sus propias necesidades mientras andan por el mundo, causa mucho dolor en los Dos.

Se necesita mucho trabajo personal para cambiar este patrón por dos razones muy importantes. La primera es que los Dos, en general, no se sienten *dignos* de la ayuda de nadie. La segunda razón es un poco más compleja: tienen miedo de expresar una necesidad o deseo porque, si nadie responde, temen no poder lidiar con el dolor y la decepción. Pero las relaciones necesitan ser recíprocas, por eso los Dos tienen que aprender a pedir directamente lo que quieren o necesitan, luego, deben cultivar la gracia de recibirlo. Cuando no lo hacen, muchas veces recurren a la manipulación. Sus conexiones con otros adquieren una cualidad deshonesta que no satisface a nadie. Decir: "Desearía no tener que cocinar esta noche", no es lo mismo que decir: "¿Podríamos salir a cenar esta noche? Estoy cansada y no tengo ganas de cocinar".

Puedes notar que este talento para la manipulación puede llevar a los Dos a verse como mártires. Este tipo de manipulación y martirio van acompañados del enojo de no haber cumplido con sus expectativas y de sentirse subestimados. Sin embargo, nada de esto es necesario: los Dos sanos saben cómo expresar lo que necesitan y luego pedírselo a los demás.

LA VULNERABILIDAD DE LA GENEROSIDAD. Como soy un Dos, tengo mucha práctica dando. En un esfuerzo honesto, a lo largo de los años, por examinar el altruismo de mi generosidad, descubrí que ser *dador* muchas veces es una posición de fortaleza. Sin embargo, hay una vulnerabilidad en la generosidad que nos sorprende a los Dos en los momentos más inesperados.

> Los Dos muchas veces suponen que otros necesitan su ayuda y protección.

Cuando el deseo de dar se multiplica muchas veces, comienzan a surgir las limitaciones y los Dos luchan por cumplir los compromisos que hacen con los demás. Se ofrecen fácilmente, pero la satisfacción de dar desaparece cuando las expectativas de los demás superan la gratitud que reciben. Después de comenzar una relación con alguien, los Dos luchan con el desapego. Es un dilema constante para ellos.

La otra persona, que recibió la atención generosa de un Dos por algún tiempo, se suele confundir cuando, de pronto, estos se vuelven distantes o inaccesibles. Desde la perspectiva del Dos, ellos dan hasta que se vacían y luego regresan a su propia vida cansados y sin energía para ocuparse de sí mismos. Se sienten poco apreciados, subestimados, cansados y asustados. Su miedo es, primeramente, porque ellos determinan su valor propio cuando dan. Si no les queda nada para ofrecer, no es fácil para ellos saber si tienen algún valor.

El problema es que los Dos intentan tener relaciones con todos (los meseros de los restaurantes, la mujer que baña al perro, el plomero, todos los miembros de la iglesia, todos sus colegas y sus vecinos) y algunas de esas relaciones pueden no ser apropiadas, saludables o recíprocas. Cuando comienzan a describir sus sentimientos con palabras como agotado, ofendido, cansado y frustrado, suele ser su forma de pedir ayuda.

> Los Dos se sienten más a gusto con el afecto que cualquier otro número del Eneagrama.

DESCONEXIÓN DEL PENSAMIENTO PRODUCTIVO. Los Dos se abren paso leyendo los sentimientos de los demás y luego haciendo algo en respuesta. No piensan en lo que están viviendo; por eso, la falta de pensamiento productivo en las situaciones y relaciones no se muestra hasta que los Dos se detienen por completo. La interacción satisfactoria entre los sentimientos y las acciones tiene un ritmo que es tan cómodo para ellos, que no se dan cuenta del costo de hacer demasiado, dar demasiado, relacionarse demasiado y pensar poco. Cuando los Dos experimentan mucha ansiedad y fatiga, suele ser una señal de que tienen que detenerse, examinar todo aquello en lo que están involucrados, reconocer qué les corresponde hacer y delegar lo demás, además de pensar en lo que está sucediendo en vez de seguir reaccionando emocionalmente a partir de ese deseo automático de identificar y satisfacer las necesidades de otros.

Hace varios años, estaba enseñando a un grupo grande de estudiantes del Eneagrama en un evento con el padre Richard Rohr en Asís, Italia. La sesión iba bien, pero al comienzo noté a un hombre serio sentado en medio de la audiencia. Cada vez que lo miraba, y no podía evitar hacerlo, él estaba con el ceño fruncido o sin ningún gesto de emoción. Eso no me sucede con mucha frecuencia cuando enseño, así que me distraje y me pregunté por qué no le gustaba lo que yo estaba diciendo. Los otros participantes parecían estar conectados y disfrutando mi presentación, así que, finalmente, llegué a la conclusión de que no hablaba inglés. A medida que pasaba el tiempo, comencé a sentir pena por él que estaba ahí atrapado en el medio de una fila durante una conferencia en la que no podía entender lo que se decía.

En el receso, me acerqué rápidamente a él. Una vez que lo alcancé, le grité, de esa forma en la que uno grita cuando cree que

> Nuestras pasiones del Eneagrama nos dan lecciones que necesitamos aprender.

alguien no habla el mismo idioma: fuerte y de una manera desagradable. Hice un gesto de auriculares con las manos y dije:

—Tienen traductores. ¡Alemán! ¡Francés!

Él me miró a los ojos y respondió:

—Hablo inglés.

Me quedé muy sorprendida.

—Entonces, ¿por qué no reaccionas a nada de lo que digo? No
te ríes ni te burlas, ni siquiera miras para otro lado.

—Bueno, no me agradas y no me gusta lo que dices.

En una típica actitud de Dos, pregunté:

—¿Por qué?

Sin ningún sentimiento, con ese mismo tono seco dijo:

—No me gusta nada de ti.

Sorprendida por su aspereza, di un paso atrás y me tropecé con
el Padre Richard, que había oído toda la conversación. Me miró
con compasión y dijo:

—Suzanne, sigues persiguiendo a un solo individuo. —Luego,
con su mano abierta, dijo—: Tienes a doscientas personas en la
palma de tu mano. ¿Por qué los ignoras y te enfocas en él?

Por supuesto, el padre Richard tenía razón. Me cegaba mi sentimiento de rechazo por parte de ese individuo y no me detenía
a pensar en ese lugar lleno de gente que sí estaba interesada. Le
entregaba toda mi energía a este hombre descontento. Los Dos
muchas veces van detrás de lo único que no tienen y ponen en
riesgo sus relaciones con los demás. Para evitar un sentido innato
de soledad, los Dos tienden a evitar preguntas como: "¿A quién
pertenezco?" "¿Merezco pertenecer a alguien?" "¿Alguien va a
estar allí por mí cuando lo necesite de verdad?" Cuando estas preguntas salen a la superficie, la reacción de los Dos suele convertirse en más esfuerzo por ayudar a otros en un intento por cubrir
su soledad. Desafortunadamente, eso supone que la otra persona
siempre está necesitada.

LOS DOS Y LOS OTROS NÚMEROS

Los Uno: como los Dos siempre ponen la relación por encima de la estrategia, tendrán problemas con algunos Uno. Sin embargo, con un ala Uno, los Dos pueden apreciar el respeto por el orden. Ese espacio común es un buen lugar para comenzar.

Los Dos: los Dos entre sí tienen problemas para saber quién será el que guíe, cuándo y cómo. Los Dos se referencian en los demás, por eso su enfoque puede estar en otros fuera de la relación que tengan alguna necesidad.

Los Tres: los Dos y los Tres están pendientes de la imagen, por eso su percepción de cómo los ven puede determinar sus decisiones. Sin embargo, los Dos quieren que los necesiten y los Tres quieren que los amen por quienes son y no solo por lo que hacen. Las expresiones de estos deseos pueden ser engañosas, por eso, en esta relación, se debe disfrutar la camaradería, pero respetar la diferencia.

Los Cuatro y los Ocho: los Dos se llevan bien con los Cuatro y los Ocho aunque estén un poco incómodos alrededor de ellos. Los Cuatro y los Ocho son auténticos, algo que los Dos necesitan.

Los Cinco: los Dos tienen problemas en esta relación porque los Cinco prefieren mantener sus pensamientos,

La verdad es que yo amontono relaciones y favores, pero, la mayor parte, lo hago inconscientemente. Este año me he permitido preguntarme: "¿Qué es lo que tengo disponible y no estoy tomando de mi banco emocional?" Para mi sorpresa, hay un gran suministro disponible.

A los Dos les cuesta confiar en las personas cuando dicen: "No me voy a ir a ningún lado" o "Puedes contar conmigo si me necesitas". Siempre piensan: "Sí…, tal vez. Tal vez estés allí para mí". Pero en su corazón, les cuesta creer que lo valgo. En mi caso, como una Dos, todo lo que puedo decir con seguridad es que he aprendido que estoy mucho menos sola de lo que creía.

Probablemente, los Dos tienen conexiones más profundas con las personas que las que suelen tener otros números; sin embargo, eso no parece satisfacerlos. Por eso, estoy aprendiendo que, si la afirmación no funciona, es porque en realidad no es afirmación lo que estoy buscando: es pertenencia. El próximo paso es creer que puedo confiar en la pertenencia que tengo disponible.

Los Dos tienen que buscar la felicidad en su interior en lugar de esperar que siempre venga del exterior o de alguien fuera de sí mismos. Son muy buenos para ofrecer un lugar de pertenencia para los demás, pero no para ellos. Las relaciones saludables requieren que tengas un sentido fuerte de ti mismo cuando estás solo. Si los Dos preguntaran: "¿Quién soy cuando estoy solo?", se sorprenderían con su descubrimiento. Sí, los Dos quieren asegurarse de que todos tengan un lugar en la mesa, pero deben ser conscientes de que ellos también necesitan tener su lugar.

ESTRÉS Y SEGURIDAD

Cuando los Dos están en un momento saludable, son generosos, divertidos y cariñosos. Hacen sentir cómodos a los demás, se dan cuenta cuando los demás se sienten excluidos o marginados de alguna manera y suelen encontrar formas de acercarse a las personas donde estén. Aceptan a todos y pocas veces se dejan llevar por el pensamiento y el comportamiento internos o externos.

Cuando están atrapados en un patrón de reacciones poco saludables, los Dos son controladores, posesivos e inseguros. Los celos se vuelven un problema cuando temen perder la atención y el cariño de alguien que aman. Una de mis estudiantes, que es un Dos, me dijo: "Cuando estoy en ese patrón de comportamiento dañino, puedo involucrarme mucho o poco, puedo ser entrometida y mandona o, simplemente, aislarme de las personas. Creo

planes e ideas para sí y los Dos necesitan esperar a que los Cinco estén listos para compartir la información de su vida.

Los Seis: los fóbicos Seis tienen miedo de algo tangible y los Dos suelen ser ansiosos con las relaciones, se imaginan cosas que no suceden y se preocupan por lo que podría ponerlos en peligro. Los Seis contrafóbicos son miedosos y valientes a la vez y, para los Dos, esto es difícil de entender. Los Dos pueden ser tanto miedosos como valientes, pero no al mismo tiempo. Los Seis enseñan y aprenden haciendo preguntas, por eso respetan que los Dos respondan sus preguntas con un espíritu generoso.

Los Siete: para los Dos, es normal sentirse un poco inseguros cerca de los Siete. Puede parecer que estos últimos son ajenos a los Dos y a sus necesidades, ya que tienen una gran cantidad de actividades diarias. Los Dos tienen que expresar mejor lo que quieren y necesitan, esto será bueno para ambos.

Los Nueve: los Nueve son muy parecidos a los Dos. Se representan con los demás y no les gusta el conflicto. Sin embargo, son reacios a actuar, así que los Dos necesitan ser pacientes con su aparente falta de energía. Los Dos tienen mucha energía para todo lo que tenga que ver con las personas y necesitan respetar esa diferencia.

> Los Dos desean tanto establecer un vínculo que fácilmente pueden ser demasiado personales e intolerables para los demás.

que es porque a veces no sé cómo actuar con las personas en un espacio que es bueno, sano e interdependiente".

Cuando comienzan a sentirse separados de los demás, crean circunstancias en las que se los necesite. Si tienes una relación con un Dos, una clave de que se sienten estresados es que comienzan a quejarse de su salud. Sus sentimientos reprimidos les pueden causar síntomas físicos y luego atraen a los demás con lástima. La verdad es que un Dos ofendido puede cambiar el humor de todo un grupo sin decir una palabra. Supongo que de ahí viene ese dicho que está en el imán del refrigerador: "Si mamá no está feliz, nadie está feliz".

En momentos de estrés, los Dos van hacia los Ocho, lo que significa que tienen más confianza en sí mismos y se preocupan menos por lo que piensan los demás. Descubren que pueden decirle que no a algo que no les corresponde hacer y tienen más paciencia con las diferencias personales y las de procesos. Cuando los Dos se sienten seguros, obtienen un poco de la energía, la conciencia y el comportamiento de los Cuatro, y pueden aceptar sus propios sentimientos. Hasta pueden admitir que, de hecho, *no* aman a todos. En esta posición de seguridad, descubren su valor que está conectado con ayudar a otros y también pueden darse el tiempo para enfocarse en su interior. Esto es bueno y necesario para cuidarse mejor.

LIMITACIONES EN LAS RELACIONES

Tal vez, la mayor limitación en las relaciones para los Dos es que se involucran en demasiadas. Esto les trae muchos problemas: no tienen el tiempo o la energía para atender a toda la gente que está en su vida, por eso, terminan disculpándose por situaciones que no lo ameritan. Irónicamente, la gente que los Dos más aman son los que

más descuidan. Los Dos confían
en que sus relaciones más cercanas siempre estarán allí, por eso
reducen el tiempo y la atención

> No puedes ocuparte de ti mismo
> sin el número al que acudes en
> momentos de estrés.

que les dedican. Los Dos les dan mucho a los demás y regresan a
su vida cotidiana cansados, vacíos y poco valorados, lo que les deja
muy poco tiempo y energía para ocuparse de sí mismos.

Los Dos suponen que cualquier problema en una relación es
su culpa. Son muy lentos para terminar con una relación y, por lo
general, caen en la trampa de creer que pueden hacer un gran compromiso que abarque a ambas partes, pero no pueden. A veces, es
saludable apartarse de una relación, pero los Dos necesitan aceptar
que no se van a sentir bien, incluso cuando los beneficios de terminar una relación con alguien sean obvios.

EL CAMINO JUNTOS

Cuando falleció Andy Andrews, la gente le envió a su hijo todo
tipo de cartas y tarjetas contando experiencias y recuerdos que tenían de él. Una mujer compartió una historia de hacía treinta años,
cuando ella y su esposo visitaron a Andy en su casa en Carolina
del Norte.

> Después del desayuno, tu padre preguntó si quería ir al jardín
> a ver sus plantas de arándanos. Era una mañana calurosa de ve-
> rano y, de camino al jardín, pasamos por una cascada preciosa.
> Andy me llamó para que la viera. El agua bajaba por las rocas,
> luego caía en la depresión de una roca más grande, formando
> una pequeña piscina y después caía en un estanque más grande
> que estaba en la base.
>
> Las abejas de la colmena de tu papá estaban en los bordes
> de la piscina más pequeña. Estaban bebiendo agua, como ga-
> nado alrededor de un estanque. Tu papá me dijo: "¿Sabías que

puedes acariciar a las abejas cuando beben agua y hay muy pocas posibilidades de que te piquen?" Pensé que estaba bromeando, pero luego se acercó a ellas y comenzó a acariciar sus espaldas peludas. Ellas siguieron bebiendo.

Mientras regresaba a mi hogar esa noche, le dije a mi esposo: "¿Qué clase de hombre acaricia abejas?"

Durante años no tuve una respuesta, pero ahora tengo una tierra propia y una colmena de abejas. Cuando oí que tu papá murió, la respuesta a mi pregunta fue clara: un hombre que acaricia abejas es el que está convencido de que vale la pena el riesgo de una picadura con tal de tener la posibilidad de establecer un vínculo.

Esa posibilidad es la principal motivación de los Dos, por eso, para ellos es un desafío de toda la vida aceptar que no todas las conexiones deben convertirse en una relación.

Al fin y al cabo...

Vivimos en una cultura opulenta con una ilusión de control. Tenemos la idea de que, con un poco de esfuerzo, podemos hacer que las cosas sean como deseamos. Pero los Dos tienen que aprender a dejar que otros tomen sus propias decisiones libremente y puedan sufrir o celebrar las consecuencias.

Aquí hay otros aspectos de los Dos que debes tener en mente:

Pueden...

- aprender a aceptar que las relaciones saludables son recíprocas y aprender el valor de dar y recibir.
- aprender a resolver sus necesidades de adentro hacia afuera en lugar de hacerlo de afuera hacia adentro.
- aprender a comprometerse en menos relaciones y disfrutarlas más.

Pero no pueden...

- esperar que otro número del Eneagrama sienta y resuelva sus necesidades antes de que ellos las mencionen.
- tener relaciones sanas con más personas de las que su vida puede aceptar. Por cada sí que dicen a una relación, tienen que decirle que no a otra.
- experimentar una paz duradera hasta que descubran que son capaces de identificar sus sentimientos y ocuparse de ellos y de sus propias necesidades. Deben entender que eso no es una amenaza para sus relaciones; al contrario, las mejorará.
- encontrar la seguridad que buscan en las relaciones hasta que aprendan a encontrar satisfacción al hacer cosas de forma independiente.

Entonces, necesitan aceptar que...

- otras personas pueden satisfacer sus necesidades a su manera. Tal vez no sea la forma en que ellos lo harían, pero es igualmente buena.
- son bien amados.
- son dignos de ser amados y la gente los busca.

Los Dos son muy perceptivos acerca de lo que otros quieren o necesitan de ellos. Al mismo tiempo, suelen estar desconectados de lo que ellos necesitan y quieren de los demás. Una clave para las relaciones con los Dos es ayudar a cerrar esa brecha. Aquí hay otras cosas que debes tener en cuenta:

- Los Dos experimentan ansiedad cuando reconocen que perciben sus propios sentimientos. No saben bien cómo reaccionar a su favor.
- Intenta ayudarlos a encontrar la forma de compartir honestamente contigo sus sentimientos.
- Solo pueden actuar verbalmente. Ellos no *piensan* demasiado las cosas, las resuelven *hablando*. Puedes evitar muchos malentendidos si tienes presente esto.
- No confíes en sus respuestas cuando dicen que están bien. Presiónalos un poco más.
- Quieren una respuesta honesta, pero todo se lo toman personal. Por eso, si dices: "No me agrada tu receta de espaguetis", ellos oyen: "Tú no me agradas". No tienes que recordarles que no es algo personal, ellos lo saben y están intentando superar esa forma de pensar.
- En una relación íntima, los Dos necesitan oírte decir: "Estoy aquí y no me iré a ningún lado. No tienes que *hacer* nada, no tienes que *ser* nada y no tienes que ayudarme en nada. Te quiero por lo que eres".
- Anímalos a dejarte resolver tus propios sentimientos.
- Los Dos necesitan un compañero que demuestre su cariño. Eso los reconforta mucho.
- Necesitan un compañero que quiera conocer a sus amigos y encontrarse con ellos.
- Aunque se sienten bien como segundos al mando, asegúrate de reconocer su contribución.
- Intenta tener paciencia cuando se preocupan demasiado por sus relaciones con otras personas. Tu impaciencia con esa realidad solo los hará más inseguros.
- La ira o las reacciones emocionales desproporcionadas, por lo general, son señales de necesidades no resueltas.

LOS TRES

SOY TODOS, MENOS YO MISMO

Jake, un colega, falleció inesperadamente a los cuarenta años. Cuando llegué a su funeral, el estacionamiento estaba repleto y en la iglesia no cabía un alfiler. Encontré un asiento que daba al pasillo junto a personas que ya había visto antes, pero no conocía bien. Cuando me acomodé, una mujer se acercó al atril para hablar sobre su larga relación con Jake. Cuanto más hablaba, más me preguntaba si había asistido al sepelio correcto —incluso revisé el boletín para cerciorarme— porque sencillamente no reconocía a la persona a la que ella se refería.

El siguiente orador contó un par de anécdotas y terminó diciendo cuánto extrañaría el espíritu amable (algo que yo nunca experimenté) y la disponibilidad de Jake para ayudar cada vez que podía (otra cosa que yo no consideraba cierta). Dos personas más tomaron la palabra y ambos describieron a alguien que yo no reconocía. En ese funeral, y muchas veces desde entonces, me pregunté cómo era posible que Jake fuera todo lo que esas personas elogiaban y recordaban.

La sabiduría del Eneagrama tiene una respuesta sencilla.

¿QUÉ OCURRE AQUÍ?

¿Cómo es posible que alguien sea visto y recordado de maneras tan diferentes por distintas personas?

¿Alguna vez estuviste en una situación similar, por ejemplo, una conversación sobre alguien de quien tú y otra persona tenían una opinión diferente?

¿Los que asistan a tu funeral tendrán una experiencia parecida a la mía en el funeral de Jake?

Cuando vemos esta historia a través del lente del Eneagrama, nos recuerda lo singulares que somos según nuestra personalidad. Los Tres tienen el don y la carga de ser capaces de adaptarse a cualquier persona o grupo. Trabajan arduamente para ser lo que tú quieras que sean. Se pueden adaptar rápidamente, pero solo pueden cumplir un rol a la vez, por lo que las personas con quienes se relacionan en diferentes esferas se sienten confundidas cuando coinciden en un mismo espacio y momento. Las relaciones personales sufren porque los Tres no permiten que los demás sepan quiénes son realmente sino que se muestran solo a través de lo que pueden lograr. Sus familiares y amigos íntimos son los que más sufren. Aquellos con quienes mantienen relaciones más cercanas tal vez nunca lleguen a conocerlos verdaderamente. Como resultado, los Tres siguen creyendo que son amados por lo que hacen y no por lo que son.

EL MUNDO DE LOS TRES

Aunque los Tres pertenecen a la Tríada del Corazón (o de los Sentimientos) junto con los Dos y los Cuatro, reemplazan de inmediato el sentir con el hacer y el pensar. A veces les cuesta trabajo comprender los sentimientos de los demás, pero su mayor dificultad es comprender sus propios sentimientos. A veces, saben lo que sienten, pero simplemente no quieren lidiar con eso.

Para complicar más las cosas, los Tres consideran que es difícil distinguir entre sus sentimientos personales y aquellos que provienen de una posición o un rol. La actividad es una forma de control, de modo que, a temprana edad, los Tres decidieron controlar su entorno actuando. Ellos hacen más que cualquier otro número del Eneagrama, a excepción de los Ocho.

> La competencia motiva a los Tres.

Los Tres son agradables, pero rara vez revelan su intimidad, incluso con los que están más cerca. Porque se sienten reprimidos y porque quieren ser correctos, a veces aparentan sentimientos que en realidad no están experimentando. Un colega profesor que es Tres reconoce que mucho de lo que hace tiene que ver con las apariencias: "Quiero que me vean como una persona competente y capaz, y quiero que ellos noten que hago lo correcto en el momento indicado, y que lo llevo a cabo con éxito". Desafortunadamente, los sentimientos se ven envueltos en este impulso por demostrar una imagen: "Lo que quiero decir es que puedo actuar cuando se trata de sentimientos también. No lo hago con la intención de engañar o ser falso, simplemente sucede". Pero el control es una ilusión, particularmente en las relaciones. Al estar enfocados en la acción, los Tres descuidan el *ser*, y acaban despreciando uno de los elementos más importantes de toda relación: ser personas presentes, ser quienes son en realidad, estar con otros y estar disponibles.

> Hay atributos valiosos relacionados con cada número.

Los Tres se enamoran del futuro y sus posibilidades: más éxito, más logros y más afirmación. Así que tienen una necesidad autoimpuesta y siempre cambiante de crear la imagen apropiada para cada reunión, evento o presentación. Por

LOS TRES Y LOS OTROS NÚMEROS

Los Uno: los Tres y los Uno se dedican por completo a obtener resultados, pero los Tres lo logran tomando atajos, mientras que los Uno creen que cada paso de una tarea debe hacerse correctamente. Si los Tres logran ser pacientes con el deseo de los Uno de supervisar cada paso y entablar al menos una breve conversación acerca de lo que lograron juntos, puede ser muy provechoso.

Los Dos: los Tres pueden ser muy eficientes junto con los Dos, tanto en lo personal como en lo profesional, porque los Dos se concentran en las personas mientras que los Tres lo hacen en la tarea. Si hay respeto mutuo, sus dones pueden complementarse bien. El desafío para los Tres es ser pacientes con el procesamiento verbal y emocional de los Dos.

Los Tres: cuando un Tres está con otro Tres, todo parece posible. Pero no lo es. Así que es una bendición cuando eliges ser la voz de la cordura.

Los Cuatro: en la relación con un Cuatro, las emociones serán el factor desencadenante. Los Cuatro sobrevaloran los sentimientos y los Tres no los valoran lo suficiente. A menos que los Tres desarrollen un ala Cuatro, esta conexión será engañosa.

Los Cinco: los Tres y los Cinco tienen grandes dones que pueden intercambiar si cada uno está dispuesto a hacerlo. Los Tres están orientados a la

esa razón, consideran lo que sucede en el presente principalmente como una distracción y piensan que no sirve mirar hacia atrás. En el mejor de los casos, pueden transformarse en cualquier cosa que la situación requiera. Pero eso también puede suceder en su peor momento.

Hace poco, pasé tres días trabajando con un grupo avanzado de Eneagrama. Hablamos acerca del equilibrio, incluso tratando de encontrar equilibrio en nuestra vida respecto al pasado, al presente y al futuro. Un sábado en la mañana, mientras Amy, una joven Cuatro, hablaba de lo mucho que valoraba mirar al pasado, incluso cuando es doloroso, Larry, un Uno, respondió:

—Eso es todo lo que puedo hacer para manejar lo que sucede en el presente.

Una mujer mayor, que es una Tres fuerte, parecía perpleja mientras cada uno explicaba sus luchas con el tiempo. Su respuesta fue:

—No me identifico con nada de lo que ustedes están diciendo. ¡En mi mundo, ya es lunes!

Por lo general, los Tres tienen buenos límites, pero no reconocen las limitaciones propias o ajenas. Parecen tener una fuente inagotable de energía, sin embargo, a menudo están agotados porque no saben cuándo parar. Tal vez por eso es que toman tantos atajos, incluso en sus relaciones, porque muchas veces lograr que las cosas se hagan tiene mayor relevancia que hacerlas correctamente. Aunque esa forma les funciona en las relaciones con otros Tres, ciertamente genera problemas con los otros números: con los Uno que valoran la perfección, los Dos que valoran las relaciones y los Seis que luchan con la falta de planificación de los Tres.

La mayoría de los Tres quieren ser la estrella. Creen que, si no puedes ganar el primer lugar, ni siquiera deberías participar en la carrera. Si no puedes liderar, no deberías ser un seguidor. Si no sabes la respuesta correcta, mejor cállate la boca. Y si no puedes dar una buena impresión, no trates de impresionar.

Nuestra nieta Elle, quien estoy casi segura de que es una jovencita Tres, tuvo una experiencia muy triste en primer grado. Justo antes de las vacaciones de Navidad, el bibliotecario leyó una historia en su clase. En la historia, Santa Claus era un personaje de ficción. Elle esperó hasta que el maestro acabara de leer y entonces se puso de pie para defender la existencia de Santa Claus. Le dijo a toda la clase que no se preocuparan, explicando que ese cuento no se trataba del Santa Claus *de verdad*. Los otros niños se burlaron de ella y la hicieron sentir mal por creer en Santa a esa edad.

acción. Los Cinco necesitan más tiempo de descanso. Pueden aprender el uno del otro.

Los Seis: a los Tres les encanta el éxito, pero los Seis no confían en eso. Ellos consideran el entusiasmo de los Tres por dar una buena impresión y demostrar sus progresos como algo falso y poco atractivo. Esta desconexión requiere mucho esfuerzo para unirlos, pero es posible. Los Seis encuentran satisfacción en experiencias grupales en las que no lideran. Como los Tres están en la misma línea del Eneagrama que los Seis, necesitan esa experiencia para tener una sanación holística. A veces, la sanación solo viene cuando somos seguidores y no líderes.

Los Siete y los Ocho: los Tres, los Siete y los Ocho son todos muy fuertes (ninguno quiere ser vulnerable). Los Tres proveen, los Ocho protegen y los Siete evitan, y los tres números desprecian los sentimientos. Los tres se llevan bien, pero todos ellos deben comprometerse a poner los pies sobre la tierra.

Los Nueve: los Tres conviven bien con los Nueve si logran tener un sistema de valores en común. Los Tres tienden a hacer que las cosas sucedan, mientras que los Nueve se retraen y dejan que ocurran solas. Las dos opciones son buenas según la situación. Los Nueve a menudo necesitan de la energía y dirección de los Tres, quienes precisan del sagrado sentido de demora que tienen los Nueve.

Después que Elle le relató a su padre la historia que había escuchado, él le dijo lo triste que se sentía porque ella había descubierto la verdad sobre Santa en la escuela.

—Sé que puede ser difícil dejar de creer que Santa existe de verdad, pero todo estará bien. Mamá y yo seguiremos siendo buenos Santas para ti.

Elle replicó:

—¡No estoy llorando por Santa! ¡Lloro porque me siento como una fracasada por haber creído en él!

Los Tres no toleran sentirse desinformados o desubicados. Ese es un resultado de su tendencia a la comparación y la competencia. La comparación es una forma normal de ver la vida para los Tres. Cada pequeña información que reciben se ubica en una de dos categorías: "lo que es" y "lo que debería ser". Cuando pido a los Tres que cuenten alguna anécdota que represente lo mejor de su número, a menudo veo que dudan. Suelen esperar hasta que otros empiezan a hablar para decidir cuál historia estará a la altura de lo que los demás esperan.

La mayoría de los Tres son muy competitivos, pero a diferencia de los Ocho, que disfrutan de la competencia porque su energía es alta, los Tres están en la competencia con el fin de ganar. Cuando uno piensa en la competencia que nos espera cada día, la presión que sienten los Tres es evidente. Los Tres que se comprometen con el trabajo del Eneagrama se abren a la realidad de que, aunque ellos desean hacer su parte, quedan atrapados en el anhelo de que su aporte sea el mejor de todos. Pero aprenden lecciones necesarias cuando corren el riesgo, ya sea que su contribución resulte o no ser la mejor.

LA NECESIDAD DE REDEFINIR EL FRACASO. Cuando sienten que han fracasado, los Tres enseguida lo redefinen como una victoria parcial. Y si eso no les funciona, se distancian de lo que salió mal y le atribuyen el problema a factores que están fuera de su alcance.

Una azafata hace poco me contó una anécdota acerca de cuando le tocó servir las bebidas en uno de sus primeros vuelos. Como era una aprendiz, pensó que las latas de bebida para *bloody mary* y margaritas ya tenían licor. Varios pasajeros le dijeron que pensaban que los tragos estaban un poco suaves y le preguntaron si podían tomar más, así que les preparó nuevos tragos. Uno de ellos insistió en que su bebida no tenía nada de licor, pero ella lo convenció de que tenía la cantidad normal y que probablemente no percibía el mismo gusto de siempre porque era de una marca diferente. Otro pasajero ordenó uno doble, pero la azafata consideró que eso no era apropiado. Cuando le sirvió su trago, lo indujo a creer que ese era más fuerte que el anterior.

Luego de completar el servicio, la supervisora que hacía el inventario de las bebidas alcohólicas que se habían consumido, se dio cuenta de que la novata había estado sirviendo todas las bebidas sin licor.

Le pregunté a la azafata si su supervisora la había regañado.

—Bueno... —me dijo—, era un vuelo de Los Ángeles a Las Vegas y yo le expliqué que los que habían pedido los tragos eran jóvenes y probablemente ya habían bebido demasiado. Le expliqué que sentía que era mi responsabilidad cuidarlos bien y pensaba que sería mejor para todos los viajeros que ya no se sirviera más licor.

—¿Y te lo creyó? —le pregunté.

—Sí. Yo le señalé quiénes eran los bebedores. Todos estaban contentos, dos dormían y uno que había estado bastante revoltoso, en ese momento estaba bebiendo su *bloody mary* a pequeños sorbos.

A los Tres no les gusta equivocarse, de modo que justifican su error reescribiendo la historia. ¡Y son tan buenos en eso que a menudo se la creen ellos mismos!

> La pasión o el pecado de cada número a veces pueden ser tan fuertes que definen su comportamiento.

IMAGEN Y AUTOPROTECCIÓN. Los Tres usan la imagen de manera instintiva como una forma de asegurar su lugar en las relaciones con otras personas. En cierto momento de su niñez, llegan a creer que no es correcto tener sus propios sentimientos e identidad. En las relaciones con la familia y las figuras de autoridad, los Tres se han convencido de que es mejor dejar de lado sus sentimientos y convertirse en la clase de persona que los demás esperan, a la que aplaudirán por ser atractiva y exitosa. De manera que empezaron a desarrollar su capacidad innata de ser lo que haga falta. Pueden pertenecer a quince o veinte grupos —familiares, profesionales, de voluntarios— y ser un paradigma para cada uno de ellos. Es un don muy notable que es difícil manejar de manera saludable.

Cuando amamos a un Tres, él o ella no tienen idea de qué parte de ellos amamos, por eso les resulta difícil aceptar que amamos *todas sus partes*. Recibí un mensaje de texto de una artista muy reconocida que sospecho que es un Tres. Cuando estaba celebrando su cumpleaños número sesenta y uno, en la Basílica del Sagrado Corazón, en París, me escribió: "Finalmente pude creer que soy bienvenida a la mesa de Dios. Todas las partes de mí son bienvenidas".

Si estás en una relación con un Tres, es muy importante que entiendas que cada parte de su "yo" que te muestran o que muestran a otros es un esfuerzo por darte lo que creen que tú deseas, porque piensan que si te ofrecieran lo que está detrás de esa imagen, no sería ni adorable ni deseable. Es perturbador saber que a gente así, tan amable y tan amorosa, se les dificulta creer que tienen valor tal cual son. Imagina la vulnerabilidad que hay en una relación así. Los Dos ocultan su vulnerabilidad detrás del hecho de ser necesitados y útiles, los Cuatro la esconden atrayéndote hacia ellos y luego apartándote, y los Tres la ocultan con logros destacados.

ENGAÑO. La conducta de los Tres es constante cuando realiza la metamorfosis necesaria para complacer a los demás, lo cual puede parecer un don, pero en realidad es

> Como los Tres se amoldan a cada relación en la que se encuentran, se les dificulta expresar valores consistentes.

un problema complejo porque pierden contacto con su identidad, lo que piensan y lo que realmente sienten. Cuando se concentran en lograr el éxito, cuando toman atajos con tal de llegar y cuando no interpretan bien los sentimientos (los propios y los ajenos), no solo generan malentendidos, sino que se pierden muchos beneficios. La mayor pérdida viene cuando empiezan a creer que la imagen que han construido es quienes son verdaderamente. Ese es el pecado o la pasión del engaño: los Tres se engañan *a sí mismos*.

Por lo general, el trabajo es el centro de la vida de un Tres. Hace falta mucho esfuerzo y conciencia personal revertir eso, y el jefe no suele apoyar el cambio. Sin embargo, por elegancia —supongo—, a veces las experiencias personales hacen que ellos reexaminen sus valores y a lo que se entregan.

Una amiga que es Tres me dio un ejemplo: "Suzanne, hay cosas que yo valoro que no concuerdan con la organización para la que trabajo. Un ejemplo son las necesidades y derechos de mis hermanos y hermanas que pertenecen a la comunidad LGTBQ. Tengo un hijo homosexual y donde trabajo no me brindan ninguna seguridad o apoyo para hablar de ello. Por momentos, me siento un fraude". Quitarnos las máscaras que todos usamos para abrirnos camino en el mundo puede tener consecuencias significativas, algunas buenas y otras no tanto.

En mi experiencia con los Tres, la transformación por causa de las relaciones que más importan casi siempre tiene un efecto negativo en las relaciones que menos importan. Esta es una tarea que requiere mucha valentía.

ESTRÉS Y SEGURIDAD

Los Tres están en el triángulo central del Eneagrama junto con los Nueve y los Seis. En sus aspectos más enfermizos, parecen estar necesitados de atención, exigen ser observados, se jactan de su éxito y a menudo exageran su rol. Si eso fracasa, se enojan con cualquiera que se atreva a dudar de la historia que cuentan, y pueden llegar a ser punitivos y destructivos. Recuerda: los Tres son altamente competitivos.

Cuando están bajo estrés, se mueven al Nueve, lo que los ayuda a atenuar su impulso competitivo. Con algún comportamiento de Nueve en la ecuación, los Tres son más abiertos a otras personas y sus ideas, y tienden a ser más sinceros consigo mismos. Son capaces de descansar y relajarse un poquito, dejando que su energía competitiva se asiente. Todavía quieren llamar la atención, pero la necesidad no es tan intensa, y mejoran su capacidad de comprometerse con los demás.

Cuando se sienten a salvo, adquieren algunos de los mejores rasgos de los Seis. En este sentido, los Tres están mucho más atentos a los demás. No se sienten muy seguros de sí mismos, lo que les permite relajarse y colaborar en las relaciones profesionales y en las personales. Este también es el lugar donde son mucho más conscientes de su deseo de conectarse con algo o alguien superior a ellos en vez de confiar en sus propias fuerzas.

LIMITACIONES EN LAS RELACIONES

Los Tres son muy valorados en la cultura occidental, donde premiamos la juventud, la eficiencia, los logros y el éxito. Trabajan muchas horas sin quejarse. Los Tres me dicen que las vacaciones representan una dificultad, porque la tecnología les permite estar en contacto y trabajar mientras están de viaje. La cultura empresarial valora a los empleados que no necesitan tiempo de descanso y a los que les gusta la idea de avanzar siempre. Eso son buenas noticias para ellos.

Pero la desventaja de ser un Tres en Occidente es que nuestra cultura valora y aplaude los mismos rasgos que inhiben una transformación importante: lo que les sirve bien a los Tres en el ámbito profesional puede arruinar sus relaciones personales. Cuando se levantan temprano para ir a trabajar y se quedan hasta tarde, sus relaciones se resienten. Cuando constantemente se pierden las actividades de sus hijos por atender proyectos o trabajo, las relaciones se resienten. Si nunca están presentes con sus seres queridos —física y emocionalmente—, las relaciones se resienten.

Los Tres inician las relaciones con una idea fantasiosa de cómo será el vínculo. La verdad es que todas las relaciones son complicadas e impredecibles y, cuando esta realidad golpea a los Tres, generalmente intentan transformarla fijando metas y elaborando listas. En ese punto, la relación se vuelve una tarea que deben completar. Si no logran tranquilizarse, les resultará muy difícil experimentar sentimientos íntimos, lo que provocará toda clase de consecuencias negativas para sus relaciones.

A menudo, sustituyen lo real con ideas *acerca de* las emociones. Este enfoque solo funciona en una relación con un compañero que también esté dispuesto a reprimir sus sentimientos. Están orientados a solucionar cosas, así que pueden mostrarse impacientes o hasta despectivos cuando alguien necesita ser escuchado, como un Seis, o ante alguien que procesa las emociones de manera verbal, como un Dos. Los Tres suelen ser intolerantes con las emociones oscuras y, a menos que puedan aprender a estar presentes para los sentimientos de los demás y los suyos propios, la relación seguramente se verá afectada.

Cuando estaba hablando acerca de las relaciones, un Tres de mediana edad me dijo:

Yo valoro la intimidad, pero en mis propios términos: en pequeñas dosis y cuando no estoy haciendo otras cosas. La ironía es que quiero que otros cuiden de mí y me sostengan. Pero me cuesta tener la energía emocional para hacer lo mismo a cambio. Los demás tienen que saber que les brindo apoyo y amor *haciendo* cosas por ellos. Sé que no solo puedo dar amor por lo que hago, pero es una forma concreta de expresar lo que siento por otros.

Pero las conexiones íntimas no pueden determinarse solamente por una de las dos partes, ni tampoco pueden darse en el momento más conveniente. Es injusto e improductivo esperar de los demás lo que uno no puede dar. Al mismo tiempo, todos podemos aprender a ir más allá de nosotros mismos de maneras inusuales o incómodas con tal de cuidar al otro o de proteger una relación que vale la pena. Ese es el desafío para los Tres.

EL CAMINO JUNTOS

La verdad sobre los Tres es que tienen dificultades para escuchar. Courtney Pinkerton es una entrenadora de vida holística, fundadora de Bird in Hand Coaching, autora de *The Flourish Formula* [La fórmula del florecimiento] y una de mis Tres favoritas. Hace poco se mudó a Nicaragua con su esposo y sus tres hijos, desde donde continúan marcando una diferencia en el mundo.

Una tarde, ella y su esposo, Richard, caminaban por la playa. El sol se estaba ocultando, el volcán se veía rodeado de niebla y sus pies descalzos dejaban huellas en la arena volcánica negra. A Courtney le pareció que era el momento perfecto para conversar con Richard acerca de sus intenciones para la siguiente fase de su vida juntos, así que comenzó a preguntarle sobre sus metas y deseos. Pero él demostró poco interés y le contestó: "Realmente estoy disfrutando este momento: el movimiento del lago, la bruma, nosotros dos juntos, todo esto".

La respuesta de Richard la hizo reír y, después de pensarlo un poco, ella dijo:

En cualquier relación amorosa hay multitud de roles que jugar: a veces, uno es el soñador; otra, es el hacedor. Uno es el artista y el otro es el que maneja la chequera. O uno es el entrenador de vida y el otro es el gurú de la información. No creo que ninguno de esos roles sea malo en sí mismo, siempre y cuando uno sea ágil y no se quede atascado en un solo lugar. Es bueno tomar turnos para intercambiar los roles. Y, a decir verdad, los roles que ocupamos en una pareja suelen reflejar las voces y las facetas humanas que llevamos dentro.

Los Tres están mejor preparados que cualquier otro número del Eneagrama para representar todos los roles, siempre que sean capaces de honrar quiénes son por dentro y por fuera.

Al fin y al cabo...

Los Tres contribuyen a la vida de otras personas ayudándolos a definir y alcanzar su potencial. Son rápidos y astutos y obtienen resultados. Al mismo tiempo, como dice Richard Rohr, el número más triste del Eneagrama es un Tres fracasado. Tal vez sería prudente que ampliaran su definición de éxito y reconocieran que los demás tienen un sistema de valores que tal vez no coincide con el suyo.

Aquí hay algunos aspectos que los Tres tienen que recordar:

Pueden...

- aprender a pasar de la apariencia emocional a la profundidad emocional.
- relajarse, hacer amigos y disfrutar de actividades que no tengan un resultado esperado o un aporte tangible.
- aprender a disfrutar el éxito sin conectarlo a su valor como seres humanos.

Pero no pueden...

- superar su ansiedad.
- poner metas a los demás. Pueden compartir una meta mutuamente acordada en una relación, pero tendrán que ser cuidadosos de que esos objetivos sean compatibles y realistas para ambos.
- protegerse personalmente, identificándose en exceso con los grupos o proyectos de los que forman parte.
- ser amados por lo que son si no abren su corazón y comparten al menos una de sus vulnerabilidades.

Entonces, necesitan aceptar que...

- su trabajo no es su identidad.
- los roles pueden engañar y proteger a la vez.
- se aprenden lecciones valiosas del éxito y también del fracaso. Como dijo el padre Rohr: "El éxito tiene muy poco que enseñarte después de los treinta y cinco años".
- no hay soluciones rápidas y fáciles para los sentimientos heridos y las oportunidades perdidas.

Aunque los Tres parezcan tener una energía inagotable, dado que miden sus días y su vida en términos de productividad, debajo de la superficie, a menudo, están exhaustos. Hazles saber que no es su imagen lo que amas, sino lo que está debajo de ella. Aquí hay otras formas de construir relaciones con los Tres de tu vida:

- No supongas que tienen un acceso fácil a sus sentimientos.
- Ya que su orientación con respecto al tiempo es hacia el futuro, a menudo se distraen en las conversaciones. Por lo general, significa que dijiste algo que desencadenó pensamientos sobre otra cosa y deliberadamente eligen seguir esa línea de pensamiento. No te tomes su distracción como algo personal.
- No se interesarán en retomar asuntos del pasado.
- Si no tienen la intención, les será difícil hablar sobre lo que ha sucedido o está sucediendo en su vida laboral.
- No saben perder, así que para su beneficio, han desarrollado una perspectiva menos dualista, menos enfocada en juzgar las cosas como buenas o malas, aceptables o inaceptables.
- Debes saber que quieren tu aprobación y tu elogio, y de veras les gusta que lo expreses.
- Trata de no hablar mucho acerca de cosas negativas. Los Tres son muy optimistas y aprecian a quienes tienen una perspectiva positiva.
- Evita hablar demasiado sobre la relación de ustedes.
- Los Tres se presentan como fuertes, pero precisan que tú seas más blando que ellos.
- Comunícales que entiendes sus luchas con la imagen y su necesidad de mantenerla. A la vez, evita alentarlos a estar pendientes de ella y tener que cambiar y adaptarse todo el tiempo.
- Necesitan que los alienten a identificar sus sentimientos y a hablar de ellos. Hazlo, pero una vez que hayan expresado uno o dos pensamientos, dales un respiro para que no tengan que seguir pensando en eso por un tiempo.
- No les gusta que los interrumpan cuando están trabajando en un proyecto.
- Dales información precisa y por adelantado sobre lo que necesitas. Ellos desean satisfacer tus necesidades, solo que les cuesta mucho saber cuáles son.

LOS CUATRO

ALÉJATE, PERO NO TE VAYAS

Daphne había disfrutado la cena con Jane en su restaurant japonés preferido. Cuando abrió su correo dos días más tarde, se sorprendió al encontrar una carta de Jane. Era breve, pero iba al grano:

Querida Daphne:

Cuando cenamos el jueves por la noche, me preguntaste un par de veces si mi nuevo trabajo me estaba drenando toda la energía. Y tenías razón, al menos en parte. La transición requirió todo de mí, de modo que no tengo ninguna energía extra y eso pone de manifiesto la diferencia que siempre existió entre nosotras. Tú estabas tan emocionada con tu casa nueva y toda la hermosa decoración que estás haciendo, y tan triste por la reaparición del cáncer de mama de tu madre. Me sentí incompetente como amiga e incapaz de poder brindarte algo. No tengo nada para darte en este momento, pero quiero hacerlo porque cuando tengo la energía, es pura magia. Y ambas podemos usar un poquito de magia.

Por ahora, pienso que tengo que enfocarme en mi nuevo trabajo. Te quiero. Volvamos a conectarnos después de las vacaciones de primavera.

Con amor,

Jane.

Daphne dejó la carta sobre la mesa de la cocina y sintió un torbellino de emociones que le resultaba conocido. Desilusión. Tristeza. Confusión. Rechazo. Malentendido. Era lo de siempre: *yo soy demasiado*. Se preguntó por qué razón Jane no podía simplemente decir que se sentía realmente extenuada y no podía lidiar con muchas cosas en vez de tomarse cinco semanas de vacaciones.

Daphne todavía estaba molesta cuando su esposo, Mark, llegó a la casa. Como de costumbre, la abrazó y la escuchó con paciencia y no trató de disuadirla respecto a sus sentimientos. Le recordó, como lo había hecho muchas veces, que su pasión e intensidad a menudo no eran bien comprendidas por los demás. Lo que ella había pretendido que fuera una invitación para conectarse parecía haberse malinterpretado como si no le hubiera dejado espacio a Jane. Daphne sabía que Mark estaba en lo cierto. "Las cosas son así —pensó finalmente—. Estoy segura de que Jane llamará en algún momento".

¿QUÉ OCURRE AQUÍ?

¿Qué crees que sorprendió a Daphne de la carta de Jane?

¿De qué forma la energía emocional es un factor en tus relaciones con otras personas?

¿Por qué piensas que Jane escribió una carta en vez de simplemente hablar de sus sentimientos en la cena?

En esta relación y en otras, ¿qué crees que genera la "magia" a la que Jane se refiere en su carta?

Es normal que los Cuatro como Daphne escuchen que algunas veces son "demasiado", incluso de parte de personas que los quieren. La intensidad de las emociones de los Cuatro, acompañada de cambios de humor impredecibles, requiere comprensión, compasión, paciencia y un aprecio por la necesidad de ser auténticos que tienen los Cuatro. En una relación con ellos, podemos pensar que es una expresión de amor sugerirles que se "normalicen", pero nada puede estar más alejado de la verdad.

EL MUNDO DE LOS CUATRO

Los Cuatro tienen un profundo deseo de ser conocidos, *verdaderamente* conocidos, por quiénes son auténticamente. La experiencia les ha enseñado que la mayoría de las personas no se toman el tiempo de conocer a los demás, mucho menos de entenderlos. Y eso es cierto la mayoría de las veces respecto a los Cuatro. Cuando hablo con ellos sobre sus relaciones y su deseo de ser conocidos, siempre me dicen dos cosas. La primera es que muchos los han abandonado (han tenido relaciones que acabaron de manera inexplicable). Y la segunda, que los demás les dicen que son demasiado intensos o complicados. A pesar del dolor que les causan las relaciones, los Cuatro siempre se recuperan y vuelven a intentarlo.

De niños, los Cuatro llegaron a creer que había algo fundamentalmente malo en ellos. Mi querida amiga Elizabeth me cuenta que, cuando estaba creciendo, sus padres se mostraban incómodos con cualquier expresión de sentimientos y, con frecuencia, le decían que ella era demasiado sensible.

Elizabeth adoraba a su maestra de primer grado, Bunny Shelton. Con cuatro pies y diez pulgadas (un metro y medio) y un peinado que le añadía casi doce pulgadas (30.5 centímetros) de altura, la señorita Shelton era carismática y cariñosa. El día que le regaló una paleta, Elizabeth, orgullosamente, contó a sus padres que había sido la única en recibir un regalo *y* que era una recompensa por ser tan especial.

Desafortunadamente, ese mismo día, los padres se reunían con los maestros y cuando los padres de Elizabeth le dieron las gracias a la señorita Shelton por la paleta, descubrieron que *todos* los niños habían recibido el dulce. Enojados y avergonzados por el engaño de su hija, le ordenaron que se disculpara con la maestra por haber mentido. Su deseo de sentirse especial le había provocado una gran vergüenza. Elizabeth lo reconoció como un patrón en su vida:

> Creo que se puede hablar mucho sobre los niños Cuatro que no pueden expresar sus sentimientos en la casa. No pueden ser ellos mismos. No pueden sentirse especiales. Creo que mintiendo intentan capturar algo de lo que perdieron. Pero luego los descubren y se avergüenzan. Pienso que lo que sigue es que los Cuatro empiezan a confundir el ser especiales o únicos con una singularidad que tiene que exteriorizarse. Pienso que, si yo hubiera recibido más cariño ante la expresión de mis sentimientos, podría haberme apropiado más de mi esencia verdadera o de mi singularidad.
>
> Es como si la esencia de quién soy no pudiera ser recibida, así que tuve que fabricarla. Cuando creces de ese modo, acabas teniendo que aceptar una condición especial o personalidad fabricada, pero entregas tu autenticidad a cambio.

La mayoría de nosotros quiere dar lo mejor que tiene en las relaciones importantes. Los Ocho prefieren ofrecer fuerza. Para los Dos, lo mejor es todo aquello que sea personal. Y para los Cuatro, lo mejor tiene que ser genuino. Cuando te topas con un Cuatro demasiado emocional, sumergido en sus propias percepciones, está exteriorizando su deseo de ser auténtico y genuino.

> Hay al menos nueve opiniones diferentes de lo que es "mejor" en las relaciones.

Al forjar o intentar mantener una relación, los Cuatro a menudo sienten cierta tensión entre su deseo de ser vistos y comprendidos como únicos y su actitud relajada hacia los lazos afectivos. Cuando se adaptan para desarrollar un sentido de pertenencia, sienten como si estuvieran traicionando sus principios. Pero cuando eligen su yo más auténtico, sienten que están sacrificando lo que más anhelan: una relación real.

ENVIDIA. El pecado o la pasión relacionada con los Cuatro es la envidia, que podría confundirse con celos, pero no es lo mismo. Los Cuatro no desean tu trabajo, tu casa o tu auto. Lo que anhelan es tu comodidad en el mundo. Sienten que tu vida es menos amenazante y complicada. También quieren tu felicidad (o lo que ellos perciben como tu felicidad). Como no tienen esas cosas, las envidian. Y su envidia les recuerda que son considerablemente distintos a la mayoría de las personas que conocen, por lo que se sienten atrapados. Quieren la predictibilidad y el confort de tu vida, pero, al mismo tiempo, quieren una vida auténtica que no sea como la tuya o como ninguna otra. Los Cuatro ansían tan profundamente lo que no tienen, que muchas veces acaban perdiendo de vista lo que sí tienen.

Todo esto es un verdadero desafío cuando se trata de las relaciones. Es difícil aprender a estar con alguien que quiere desesperadamente sentirse satisfecho y, al mismo tiempo, no parece encontrar satisfacción con nada. Al final, todos sienten que están fracasando.

VERGÜENZA. El Cuatro promedio usa su energía para mantener una autoimagen basada en sentimientos, fantasías e historias del pasado. Cuando lo hacen, pueden pasar por alto sentimientos auténticos debido al hábito de crear y mantener estados de ánimo que les convienen. Los Cuatro inmaduros escogen el rol de víctima para sentirse valorados cuando alguien se toma la molestia de prestarle atención a su aflicción. Todo este comportamiento es un esfuerzo por escapar de la *vergüenza* que surge al creer que no están a la altura en algún aspecto fundamental. A menudo les funciona, pero solo temporalmente.

Los Cuatro están ubicados en la Tríada del Corazón, junto con los Dos y Tres. Los tres números deben aprender que quien uno es no tiene nada que ver con lo que la gente piense ni con tu pasado. Cuando estos tres números se topan con dificultades en sus relaciones, al principio creen que el problema radica en ellos, que todo lo que sale mal es culpa suya y que, de alguna manera, son incompetentes. Están convencidos de que, si pudieran hacer más, ser más, alcanzar más, ser diferentes, ser otra persona, o simplemente ser excepcionales, entonces serían amados.

Si estás en una relación con un Dos, un Tres o un Cuatro, la gran pregunta es: *¿Con quién estás?* En ocasiones, son ellos mismos, pero otras veces, son la persona que pretenden ser. Aunque la adaptación y el cambio de personalidad es mucho más difícil para los Cuatro que para los Dos y los Tres, hay una gran tristeza cuando los Cuatro tratan de ser alguien que tú serías capaz de amar y desear.

Ten en cuenta que los números que componen la Tríada del Corazón sustituyen el poder de los sentimientos reales por toda clase de reacciones emocionales. Los Dos son cuidadosos y prestan mucha atención a los sentimientos de los demás, aun ignorando los propios. Los Tres consideran que los sentimientos son opresivos e impredecibles, así que, aunque inicialmente los

> A veces, los Cuatro comparten demasiado, explican en exceso y hablan de más, creando un sentido de obligación que los otros, simplemente, no pueden cumplir.

reconocen en ellos mismos y en los demás, enseguida los alejan por considerarlos poco importantes e innecesarios. Los Cuatro quieren lograr la misma satisfacción que los Dos y los Tres parecen obtener con su forma de manejar las cosas. Sin embargo, si hay alejamiento en una relación que consideran valiosa, los sentimientos y los resultados que han obtenido no les bastan.

Los Cuatro exageran sus sentimientos para acomodarlos a sus carencias. Por ejemplo, alguien como Daphne podría responder la carta de Jane yendo a su casa, poniendo música triste, mirando películas nostálgicas y viendo viejas fotografías que se tomó con su amiga. Al hacer

> Es nuestra naturaleza, sin importar nuestro número del Eneagrama, sentirnos atraídos hacia algunas cosas y evitar otras.

eso, podría caer más y más profundo en una tristeza muy gratificante. Para los Cuatro, una amistad o una relación extraordinaria nunca deberían recordarse de una manera ordinaria.

EVITAR LO ORDINARIO. Los Cuatro quieren evitar a toda costa ser comunes y corrientes porque esa es una manera de proteger su autenticidad. A menudo, evaden lo convencional y lo que podemos llamar normal, buscando describir la forma en que ellos ven el mundo. Un Cuatro me dijo: "Tengo miedo de ser mediocre y no considero que la «normalidad» sea un objetivo a alcanzar". Piensa en la complejidad de esto para las relaciones. Los Cuatro quieren encajar, pero no pueden, se sienten fuera de sintonía todo el tiempo. Cuando estás en una relación con uno de ellos y ambos están socializando con amigos o colegas, habrá momentos en que los dos se sientan de la misma manera.

La verdad es que los Cuatro *son* personas muy especiales. No siempre lo saben y por eso tratan con todas sus fuerzas de crear esa singularidad. Y el costo puede ser alto. La ironía es que no hay necesidad de evitar lo ordinario porque los Cuatro rara vez lo son. Pero si gastaran algo de su energía en realizar las tareas comunes de la vida y las formas predecibles, promedio, cotidianas de estar en el mundo, podrían mejorar mucho sus relaciones.

ESTRÉS Y SEGURIDAD

Cuando están estresados, los Cuatro caen en el espectro nocivo de su número donde el exceso es evidente, destructivo y extrañamente reconfortante. En este espacio, su conciencia excesiva de sí mismos se convierte en autocomplacencia. Su compromiso de ser auténticos pasa a ser un capricho obstinado por ser diferentes. Pueden ser, de algún modo, pretensiosos, actuando como si merecieran más de lo que tienen y pueden llegar a simular no estar disponibles, esperando que los persigas.

Como reprimen la acción, los Cuatro nocivos carecen de vigor y determinación. Con el elemento agregado de la vergüenza, se sienten incapaces de hacer algo para modificar el *statu quo*. Esto los deja sintiendo una desesperación que a los demás les resulta difícil abordar de manera efectiva. Si estás cerca de un Cuatro, puedes llegar a sentir una desesperanza similar a cuando estás tratando de ayudarlo.

En situaciones de estrés, los Cuatro asumen el comportamiento de los Dos. Empiezan a mirar afuera de sí mismos, abandonando su paisaje interior que se ha vuelto miope. Michelle, la esposa de un pastor y madre de tres adolescentes varones, explica que ella era hipervigilante de las emociones de otras personas cuando era niña; ciertamente estaba estresada y se tornaba en un Dos como estrategia de supervivencia. Ella solía pensar: "¿Qué le pasa a mi madre? ¿Qué le pasa a mi padre? ¿Qué ocurre con la forma en que se comunican? ¿Qué está mal con mi hermano mayor? ¿Qué le ocurre a mi hermanito menor? ¿Qué es lo malo que hay en mí?" Siendo hija de un ministro cristiano conservador, se sentía limitada por la teología de su familia y por la necesidad de lucir bien. Oscilaba continuamente entre preguntarse qué estaba mal con ella y qué ocurría con la gente que la rodeaba, y llegó a la conclusión de que debía tratarse de ella porque todos los demás eran iguales y ella era la distinta. Hizo falta que fuera a la universidad, que encontrara una mentora y un grupo de amigas para que empezara a sentir que le agradaba a los demás.

El lado positivo es que cuando los Cuatro tienen acceso a la conducta de los Dos, pueden aportar más a las relaciones. Adaptan su enfoque para lograr un poco de conciencia de lo que pasa fuera de ellos y, a la vez, se percatan más de lo que pasa en su interior. Es un buen espacio y es positivo para las relaciones.

Cuando los Cuatro sienten algo de seguridad, incorporan la conducta de los Uno. Son más disciplinados, más productivos e incluso más creativos en este espacio. La influencia de los Uno que más sirve a los Cuatro es la capacidad de tener sentimientos sin la necesidad de expresarlos y sin tener que hacer algo con ellos. Cuando los Cuatro logran asumir alguna conducta de los Uno, son mucho más exitosos en sus relaciones.

LIMITACIONES EN LAS RELACIONES

Dado que tu mejor parte es también la peor, hay una fina línea entre lo realmente bueno y lo que es demasiado. Algunos números lidian mejor que otros con esto, y los Cuatro están entre aquellos a los que más trabajo les cuesta.

Los Cuatro consideran que pueden expresar mejor su propósito a través de historias, símbolos, liturgia, arte, música y tradición. Todos podemos mencionar a Cuatros que conocemos y que ofrecen algo un poco distinto al promedio. Estos seres humanos brillantes añaden mucho color, profundidad y textura a nuestra vida. Al mismo tiempo, a menudo sentimos que tenemos que hacer lugar para

LOS CUATRO Y LOS OTROS NÚMEROS

Los Uno: con frecuencia, luchan con sus emociones reprimidas, así que los Cuatro pueden enseñarle a los Uno a conectarse con sus sentimientos en vez de quedarse atrapados en pensamientos del tipo "bueno o malo". Los Uno pueden ayudar a los Cuatro a identificar cuándo sus sentimientos pasan de auténticos a autocomplacientes.

Los Dos: ellos persiguen y los Cuatro huyen. Eso puede causar disfunción en la relación, así que ten cuidado.

Los Tres: los Cuatro tienen tantos cambios de humor en una hora como otros en una semana y están atentos a cada uno de estos cambios, pero los Tres anulan los sentimientos. Esta situación es una enorme tarea para ambos y sería saludable que se encontraran en algún punto intermedio.

Los Cuatro: son una bendición el uno para el otro, pero hay posibles problemas. El temor al abandono puede ser muy difícil de manejar, pero también puede llegar a ser una experiencia compartida que cada uno aprecie en el otro.

Los Cinco: necesitan espacio y los Cuatro precisan intimidad. Eso tendrá que ser resuelto a través de amistades y otras relaciones significativas. Hacen bien en tener conversaciones sinceras.

Los Seis: los Cuatro y los Seis sienten que no son entendidos por la cultura general, lo cual puede ser bueno, siempre y cuando eviten sentirse incomprendidos el uno por el otro. Puede ser reconfortante para los Cuatro saber que sus leales amigos Seis se quedarán con ellos a pesar de sus fluctuantes emociones.

Los Siete: los Cuatro y los Siete son opuestos en el Eneagrama. Ese hecho tiene el potencial de ser bueno o extremadamente complicado, dependiendo del aprecio que cada uno tenga por las emociones que ignoran. Los Siete pueden aprender de los Cuatro que muchas cosas buenas ocurren en el lado oscuro de las emociones y los Cuatro pueden aprender a aceptar y apreciar la alegría.

Los Ocho: los Cuatro y los Ocho tienen puntos de vista muy diferentes acerca del mundo y de su lugar en él. Pero si los Ocho pueden ser vulnerables emocionalmente y los Cuatro pueden evitar ser tan dramáticos, juntos construirían una relación interesante. Eso requiere una comunicación franca, algo que es válido para todas las relaciones sólidas.

Los Nueve: ¡la buena noticia para los Cuatro es que los Nueve permanecen! Eso es muy reconfortante para alguien que se preocupa frecuentemente por el abandono. Pero hay algunos problemas: ninguno de ellos es bueno a la hora de asumir la responsabilidad de las elecciones y de la conducta personal, ambos tienen expectativas que no expresan, y los dos evitan el *hacer*. Eso puede complicar la relación.

ellos porque suele haber diez capas más debajo de lo que alcanzamos a ver. Aunque es intrigante, resulta una limitación cuando se trata de buscar y edificar relaciones.

Los Cuatro a menudo se me acercan y me dicen: "Nadie me entiende". Hace unos años, cuando empecé a enseñar, cometí el error de tratar de convencerlos de que estaban equivocados. Ahora, simplemente respondo diciendo: "Es cierto, poca gente entiende tu manera de ver el mundo, y, probablemente, esa siempre será tu realidad".

La solución es complicada para los Cuatro. El pensamiento de conformarse para encajar es ciertamente una tentación, pero este deseo es también su mayor responsabilidad, ya que, si bien sentirse un poco apartados y solos no es deseable, ser falsos es totalmente inaceptable para los Cuatro.

Bob Dylan era quizá el Cuatro consumado: combinaba su talento con su manera singular de entender el mundo y nos regaló algunas de las letras más asombrosas que se hayan escrito, mientras ayudaba a muchos a lidiar con el caos de los años sesenta. En su canción "Positively 4th Street", expresa la soledad de un Cuatro, pero a la vez, honra su fidelidad a la autenticidad.

Me gustaría que solo por una vez
pudieras ponerte en mis zapatos
y durante ese momento
yo ponerme en los tuyos.

La mayoría de nosotros en realidad no "entendemos" a Bob Dylan, pero creo que de todos modos podemos encontrar una forma de relacionarnos con su música. Y esa es nuestra mayor esperanza en cuanto a los Cuatro: creer que

> A los Cuatro, muchas veces les cuesta resolver los problemas, especialmente cuando sienten que los han malinterpretado (lo cual sucede la mayor parte del tiempo) o cuando la solución les parece ordinaria.

ellos también están tratando de encontrar una manera de salir y establecer una conexión con nosotros.

Con frecuencia, los Cuatro persiguen relaciones que no pueden tener. Sospecho que el modo en que van tras relaciones inalcanzables es una forma inconsciente de autoprotección. Al parecer, creen que si persiguen a alguien que no está disponible y no lo logran alcanzar, será menos doloroso que desear una relación con alguien que está disponible, pero que puede decidir no tener una relación con ellos.

Mi hijo menor, B. J., es un Cuatro. Siendo un soprano de ocho años, su sueño era pasar tanto tiempo como fuera posible can-

> Lo que vemos y la forma en que lo vemos también determinan lo que se nos escapa.

tando, y tenía el privilegio de hacerlo como parte del Coro de Niños de Texas. Los cuarenta varones que estaban en ese coro cantaban juntos, iban a la escuela juntos, viajaban juntos, crecían juntos y sabían exactamente qué botón no presionar para no lastimarse mutuamente. B. J. lidiaba con la idea de pertenecer de verdad al grupo porque nunca podía establecer un vínculo con los niños con quienes más deseaba entablar una amistad. El sentido de pertenencia llegó más tarde en su vida, en parte porque es un Cuatro y en parte porque es B. J., pero su limitación más evidente al forjar relaciones era su obstinado deseo de ser importante para quienes no estaban disponibles.

Al igual que B. J., los Cuatro desean pertenencia más que ningún otro número y viven la ilusión de que alguien más podrá completarlos. A menudo, cuando los Cuatro inmaduros experimentan la pertenencia como una posible realidad, sabotean las relaciones expulsando a la persona con la que están estableciendo una conexión.

La respuesta normal de un Cuatro es llevar sus sentimientos y emociones a otro nivel, pero es difícil en las relaciones cuando los sentimientos parecen no tener límites. Cuando los Cuatro no saben cómo manejar la plena expresión de sus sentimientos —felicidad, tristeza y todo lo que va en el medio— los que se relacionan con ellos tienden a alejarlos o a retirarse. Desafortunadamente, el gran temor del Cuatro es el abandono, así que cuando la gente hace una pausa o parece marcharse, eso justifica su creencia de que son indignos de recibir amor y de tener una relación verdadera.

EL CAMINO JUNTOS

Mi amiga Elizabeth, de quien te hablé antes, vive con su esposo y sus hijos en Austin, Texas. Elizabeth pinta retratos. Sus lienzos son enormes y sus retratos son vivaces, llenos de colores y detalles exquisitos. Cuando me siento delante de uno de ellos por un rato, me marcho con la sensación de que conocí al sujeto. La noche en que Joe y yo fuimos a Austin para ver su presentación, fue una experiencia extraordinaria porque me parecía que la forma de ver el mundo de mi amiga estaba colgando de cada pared.

Al entrar a la galería, nos saludaron y nos entregaron una copia de "La declaración del artista". En la parte superior del folleto decía:

Lo que nosotros hemos amado, otros lo amarán,
y les mostraremos cómo hacerlo.

WORDSWORTH

A continuación, aparecía la reflexión de Elizabeth sobre lo que estaba sucediendo alrededor del mundo mientras ella estaba pintando, sus reacciones y sus esperanzas:

Mi obra, en un sentido general, es a menudo un inútil, pero voraz y, en definitiva, inalcanzable deseo de permanecer bien alerta. Bien alerta a lo que ocurre a mi alrededor y a los que están a mi alrededor, especialmente por el deseo de encontrar belleza, pero no solo belleza en el sentido de glamur o hermosura, sino belleza como lo expresa Baudelaire: "Una correspondencia del cielo". Jacques Maritain dice: "Nuestro amor es provocado por la belleza de aquello que amamos". Pienso que yo ando construyendo inconscientemente un mundo que sea más sencillo de amar y, por lo tanto, que promueva más amor. Patty Griffin canta acerca de ser una servidora del amor, y todos lo somos, solo que es nuestra elección con qué intensidad queremos sentirlo. Frente a la belleza, el amor está presente más fácilmente. En la construcción de la belleza, participamos en conexión con la eternidad. No digo que el trabajo sea necesariamente el lugar donde la belleza radica. Digo que, en la intención de hallarla en la otra persona, es donde reside la belleza. Enamorarse de alguien requiere primero percibir su belleza, y esa percepción depende de la calidad y de la intencionalidad de nuestra búsqueda. Debemos ocuparnos nosotros para ocupar al otro.

O, como lo expresa E. E. Cummings: "Convertirse en artista no significa nada, mientras que cobrar vida, o llegar a ser uno mismo, lo significa todo".

Más tarde, cuando comentaba la declaración con Elizabeth, le dije: "Tú sabes que no todos quieren eso, ¿verdad?" Y nos reímos juntas.

Cuando los Cuatro confían en la relación, pueden acomodar tu conciencia de su singularidad sin sentir que su autenticidad está siendo sacrificada.

Al fin y al cabo...

Los Cuatro tienen los dones y la gracia para sostener la belleza y el dolor sin la necesidad de escoger entre uno u otro. Aquellos que son Cuatro, de alguna manera significativa, deberán aceptar la idea de que tienen defectos y pueden permitirse fallar. Aquí hay algunas sugerencias para los Cuatro:

Pueden...

* rodearse de belleza, pero no todo el tiempo.
* soportar el dolor sin tener que repararlo.
* aprender a buscar la normalidad dentro de las expectativas de lo excepcional.
* crear su propia imagen y expresarse en muchas maneras, aunque no todos los aprobarán o entenderán, y eso está bien.

Pero no pueden...

* disfrutar de una vida excepcional basadas en la fantasía.
* tener un montón de gente que se pueda acomodar a su volatilidad emocional.
* tener más de una o dos personas que sean capaces de darse en la misma medida que ellos están dispuestos a invertir en una relación.

Entonces, necesitan aceptar que...

* pueden agradarle a la gente y ser, de veras, comprendidos. Pueden ser amados y ser suficiente para la otra persona.
* la vida es ordinaria, y eso está bien.
* no existe una relación perfecta. La perfección radica en su capacidad de aceptar la realidad y mejorarla.
* la mayoría de las personas no valoran la autenticidad del mismo modo que ellos la valoran.
* tendrán unas pocas amistades profundas y significativas, en vez de muchas relaciones sociales vacías.

Los Cuatro precisan confianza y atención plena en sus relaciones personales. Quieren que seas auténtico con ellos (cualquier sospecha de fingimiento puede hacerles desconfiar de ti). En general, siempre preferirán pocas relaciones de amor recíproco y privadas antes que tener muchos contactos sociales. Las personas que no rehuyen su intensidad —y, de hecho, la valoran—, que se mantienen calmadas incluso cuando los Cuatro son volubles y que cultivan la reciprocidad, descubrirán que los Cuatro son amigos maravillosos. Aquí hay otras cosas para recordar:

- No temas decirles cuando te sientes presionado para ser más de lo que puedes ser o para ocuparte de más de lo que te corresponde.
- Los Cuatro necesitan ser únicos y auténticos. Eso requiere ceder un poco algunas veces. Si puedes ser franco sobre cómo su estilo afecta tu vida, las diferencias podrán resolverse.
- Anhelan lo que no tienen y están cómodos con ese anhelo. Eso no es algo que puedas arreglar.
- Es muy importante que les digas cómo te afectan sus cambios de humor.
- No les digas: "¡Anímate!" En general, no están tristes ni deprimidos. Los Cuatro se sienten a gusto con la melancolía. Pero recuerda que está bien que tú estés alegre.
- Si puedes aprender a encontrar un equilibrio y estar presente cuando ellos están en medio de un ciclo de malhumor, será una tremenda bendición.
- No toleran las acusaciones (tal vez ninguno de nosotros las tolere). No los acuses de ser demasiado sensibles o de reaccionar exageradamente.
- Les gusta sentir que no son lo suficientemente buenos o que no son apreciados, y necesitan que tú reconozcas esos sentimientos. Afirma que es válido que sientan eso, sin afirmar la premisa en la que está basado ese sentimiento. Recuerda que tú los estás viendo como personas más competentes, valiosas y amorosas de lo que ellos mismos se están viendo en ese momento.
- En el trabajo, establece expectativas claras, confía en que harán su trabajo, dales libertad creativa, reconoce sus fortalezas y sus habilidades.
- No te tomes la dinámica del estira y afloja de manera personal. Déjales que procesen sus sentimientos.

LOS CINCO

MIS VALLAS TIENEN PUERTAS

Cuando entré a la tienda de comestibles noté que tenía un mensaje de voz de mi amiga Carolyn: "Hola, esperaba encontrarte. Intentaré llamar nuevamente más tarde. Que tengas un buen día". Carolyn y yo habíamos sido amigas íntimas por cuarenta y ocho años, pero ella casi nunca llama por teléfono. Trabaja en nuestra base ministerial, así que cuando llama por algo de trabajo y yo no contesto, deja un mensaje detallado. Escuché el corto mensaje otra vez y tuve el presentimiento de que algo andaba mal.

Carolyn es diez años mayor que yo. La conocí cuando estaba en la universidad y trabajamos juntas por más de quince años.

Cuando la llamé, respondió al primer tono:

—Hola, recibí tu mensaje, ¿estás bien?

—Bueno, tú sabes que finalmente fui al médico hace un par de semanas. Estoy bien. Al menos eso creo. La doctora me mandó a hacer una mamografía. A los pocos días, me llamó para decirme que pidiera turno para hacerme otra más porque había una mancha sospechosa. Lo hice, y en realidad son dos manchas, así que debo hacerme otro estudio que sea más concluyente.

Carolyn siempre había dudado en compartir cosas demasiado personales. Mi mamá era un Cinco y sentía lo mismo. Me pregunto si es porque a los Cinco no les gusta tener que manejar otros sentimientos que no sean los suyos. De manera que mis hijas y yo siempre escuchamos con atención en busca de algún indicio de que no todo está bien en la vida de Carolyn.

Luego continuó:

—Estuve planeando contarles a ti y a las niñas. Pensé que se lo diría a la persona con la que hablara primero. Pero fui a ver una película con Joey la otra noche, y estaba pasando un tiempo tan lindo con ella que finalmente no se lo dije. Le conté a Jenny esta mañana, así que pensé que sería mejor llamarte.

Esta mujer había sido mi mejor amiga durante toda mi vida adulta. Nunca se casó, y, aunque tiene una hermana y una sobrina y un sobrino, nosotros la consideramos parte de *nuestra* familia. Yo no quería que fuera sola a hacerse el estudio y quería acompañarla (recuerda que soy un Dos). Entonces, le dije:

—Bien. En cuanto llegue a casa te llamo y te envío mi cronograma de viajes, así lo coordinas para que pueda acompañarte al próximo examen".

Siempre trato de respetar su necesidad de espacio y privacidad, pero tampoco deseo que atraviese experiencias traumáticas ella sola.

Algunas veces, cuando insisto en estar presente, me da las gracias por mi compañía y admite que está feliz de no estar sola. Pero esta vez, dijo que estaría bien y que prefería "guardarme para el momento difícil", cuando *de veras* me necesitara. Le expliqué que tenía energías de sobra como para estar con ella en esta ocasión *y* en el momento difícil.

—Estaré bien. De veras, no es necesario que vengas. Ahora tengo que volver al trabajo. Te amo, te amo, ¡te amo!

Me percaté de que dijo tres veces "te amo" y de que el foco ahora había cambiado hacia mí, le manifesté lo agradecida que estaba por su vida y entré a la tienda.

¿QUÉ OCURRE AQUÍ?

¿Con cuál persona de la historia te identificas y por qué?

¿Cómo manejarías una situación similar con un amigo cercano que está atravesando solo un procedimiento importante?

En el contexto de la amistad, ¿qué solución muestra respeto por ambas personas?

¿Cómo explica el Eneagrama lo que está sucediendo aquí?

El Eneagrama nos enseña que hay nueve formas casi predecibles de lidiar con una crisis. Los Cinco se encuentran en la Tríada de la Cabeza o del Temor, del lado izquierdo del Eneagrama, y controlan su miedo reuniendo información y conocimientos. Esa información, a menudo, se transmite a conciencia y de manera metódica. Es habitual que retengan partes de la información, cuenten lo que sienten a una o dos personas y manejen sus reacciones pensando. Aunque son especiales en su necesidad de privacidad e independencia, sus límites permiten el intercambio de información personal, pero solo según sus términos.

Aprendí de Carolyn, de mi madre y de otros Cinco que la mayoría de sus sentimientos se traducen en pensamiento antes de salir a la luz. No es que estén desprovistos de emociones, sino que luchan por retenerlas lo suficiente como para poder expresarlas y compartirlas con alguien más. Siendo una Dos, yo cultivo mis sentimientos: escribo sobre ellos, los comparto con otros, los conecto con otros sentimientos que tuve en el pasado y los mantengo cerca de mí. Pero en mi amistad con Carolyn, la solución no se encuentra en el punto medio. Eso no es realista y se vería, sonaría y se sentiría como algo poco auténtico. Nuestro desafío es permitir que cada una lidie con la vida a su manera, haga espacio para las diferencias y respete las necesidades de la otra.

EL MUNDO DE LOS CINCO

Los Cinco reaccionan ante la vida preguntándose: "¿Qué *pienso* sobre esto?" Esa es una respuesta muy moderada, pero la vida se presenta de maneras que a veces requieren *sentir* o *actuar* sin pensar. Junto con los Seis y los Siete, los Cinco manejan todo en su cabeza. Prefieren el pensamiento convergente, que ofrece solo una respuesta correcta, al pensamiento divergente, que permite las ideas creativas que surgen de explorar muchas posibilidades.

La vida de ellos está bien planificada y no consideran la espontaneidad confortable ni atractiva. A menudo, poseen una agenda predecible, una ruta elegida para ir a trabajar (que solo varía si es necesario) y un calendario organizado. Una mañana común en su vida puede parecerse a esto: levantarse y lavarse los dientes, abrir las persianas de camino a la cocina, preparar el café e ir al porche a recoger el periódico, servir el café y hacerse una tostada, leer la primera página de varias secciones del periódico, ducharse, hacer la cama, vestirse y salir para el trabajo aproximadamente a la misma hora cada día. Con un cronograma así, imagina el desafío de integrar a su vida otras personas y sus necesidades.

Las relaciones son peligrosas para los Cinco. Nita Andrews, mi amiga que es Cinco con ala Cuatro, lo explica de este modo:

Un riesgo calculado es lo que un Cinco busca. Un riesgo *calculado*. Y luego prueban las aguas y las vuelven a probar. No sé si es lo innato o lo adquirido. No estoy segura de cuál viene primero, pero yo era una niña solitaria, así que estar debajo de un piano y mirar las teclas desde allí —esas organizadas piezas blancas de marfil— me confortaba. Mi primera pintura, veinte años más tarde, fue sobre la parte de abajo de un piano. Yo vivía allí cuando era niña, con una lámpara y un libro, y una sábana sobre el piano. Ese era mi fuerte en mi Cin-quedad. Ya estaba preparando un espacio para las cosas y trayéndolas conmigo debajo de mi piano, para protegerlas.

Pero solo hay lugar para una persona debajo del piano. Hacer que un Cinco salga de esa seguridad tiene condiciones, así que, si deseas pasar tiempo con ellos, por lo regular tendrás que pedírselos. Un Cinco promedio evaluará cuidadosamente la validez de tu petición y luego considerará el tiempo y la energía que le tomará acomodarse a eso, antes de responder.

Los Cinco, por lo general, no son bien comprendidos por los de la Tríada de los Sentimientos —los Dos, Tres y Cuatro— que no entienden su necesidad de evaluar el tiempo y la energía en las relaciones. Relacionarse es algo natural para los de la tríada de tipo sentimental, pero no necesariamente

> El Eneagrama no nos dice simplemente quiénes somos: nos dice quiénes podemos ser.

para los pensantes y no lo es, especialmente, para los Cinco. Los Cinco que están conscientes de que muchas veces no los comprenden harían bien en dedicar un tiempo al inicio del proceso de conocer a alguien para explicarle su forma de ver y de compartir sus necesidades. Otras personas deberán aprender que, para los Cinco, el tiempo a solas es una necesidad para sentirse cómodos brindándose y ofreciendo sus dones al mundo.

INDEPENDENCIA, PRIVACIDAD Y AUTOPROTECCIÓN. Todos evitamos algo, y los Cinco evitan depender de los demás. De hecho, sobrevaloran la independencia, así que establecer y mantener los límites es instintivo.

Debido al gran valor que le asignan a la privacidad y la independencia, tienen una capacidad limitada de interacción con otras personas, lo cual es un obstáculo importante en las relaciones. También significa que suelen tener problemas por su limitada cantidad de energía. Esto es complicado al conocer a alguien. Recuerda que los Ocho tienen más energía que cualquier otro número del Eneagrama y que los Nueve son los que menos tienen, pero los Cinco poseen una cantidad de energía asignada para cada día y, cuando se les acaba, se les acaba. Es como el maná, la comida que recibían los israelitas en el desierto: extraían lo suficiente para cada día, pero no podían acumular el resto para el siguiente día.

Los Cinco ven la independencia como la clave para administrar su falta de energía. Esto es irónico, dado que la solución real es la interdependencia —relaciones reales y auténticas—, pero requiere una comprensión de las relaciones que la mayoría de los Cinco no poseen hasta su madurez. En efecto, una de las razones por la que los Cinco evitan necesitar ayuda de los demás radica en que consideran la interacción como un desafío. Los Cinco adultos me dicen que desearían que fuera más sencillo conectarse con otros. Me dicen que perdieron muchas cosas en la vida por su necesidad de pasar tiempo a solas y el espacio para procesar sus pensamientos y sentimientos en privado.

Las conversaciones sociales que incluyen dónde vivimos, cómo nos ganamos la vida, lo que pensamos sobre el clima y el equipo deportivo que seguimos, son temas de conversación en los que los Cinco se sienten cómodos.

Sin embargo, cuando se trata de una narrativa sobre su vida personal o sus puntos de vista sobre un tema de actualidad o controversial, tienden a retraerse. Un Cinco hace poco me dijo: "No cuento mis pensamientos o mi vida a mucha gente. Quiero mantener mi privacidad". Revelar detalles personales requiere más energía y conduce a más preguntas, algo que para los Cinco es agotador.

Regulan su privacidad y su independencia de muchas formas, algunas intuitivas y otras delibe-

> Los Cinco son buenos oyentes porque están interesados en todo y no desean ser el centro de atención.

radas. Un Cinco me enseñó el valor de compartimentar cuando me dijo: "No sé si presentaría mis compañeros de trabajo a mis amigos de la iglesia. Y mis amigos del gimnasio nunca conocieron a mi familia. Todos ellos me conocen de diferentes maneras y saben distintos aspectos de mí. Y me gusta que sea de ese modo". Puede ser difícil en las relaciones aceptar el fuerte deseo de independencia y un profundo compromiso con la privacidad. Ambas cosas tienen valor, pero demasiado de ellas es un problema.

AVARICIA. Hay una palabra que no usamos todos los días. En general, la palabra *avaricia* significa codicia, pero la pasión de los Cinco tiene que ver con creer que no poseen suficientes recursos internos para cumplir con las demandas de la vida, incluyendo las relaciones. Lo que ellos codician es privacidad e independencia.

Sabemos, según la sabiduría del Eneagrama, que nuestras pasiones nos enseñan las lecciones que debemos aprender. Muchas relaciones se construyen en torno a un intercambio de ideas o experiencias, y algunas de nuestras conexiones más íntimas son el resultado de tener una necesidad y permitirle a alguien que la resuelva. En este sentido, el compromiso de los Cinco de proveer todo para ellos mismos entorpece su capacidad de conectarse con otros. Las relaciones mejoran cuando los Cinco pueden escuchar y considerar ideas y soluciones que difieren de las suyas, y cuando pueden aceptar la ayuda de los demás.

Los Cinco, a menudo, ven la vida a través del lente de la escasez: retienen sus recursos para que sus necesidades nunca constituyan un problema para otra persona. Pero esta clase de pensamiento inhibe la búsqueda y la formación de relaciones. La idea de que tus necesidades serán un problema para la gente que te ama y se preocupa por ti, es simplemente falsa. La vulnerabilidad de la necesidad es una de las formas en que aprendemos a amar, pero tiene que ser una calle de dos vías.

DESCONEXIÓN DEL HACER. Junto con los Cuatro y los Nueve, los Cinco entienden cuando hay una situación que requiere acción, pero a menudo no ven la posibilidad de que ellos deben ser los que actúen. Pueden preguntarse qué ocurrió, analizar cómo solucionarlo o sugerirles ideas a los demás, pero rara vez toman la iniciativa de *hacer* algo al respecto. Un resultado de esta falta de iniciativa es que reprimen su capacidad de afectar al mundo. Pero es un ciclo: los Cinco creen que no pueden cambiar las cosas, ya sea en el proceso o en el resultado final, así que no actúan. Y esta inactividad alimenta su creencia errónea de que no tienen el poder de efectuar un cambio.

Esta forma de pensar tiene serias implicaciones para las relaciones, dado que significa que los Cinco muchas veces no hacen su parte, ignorando su responsabilidad en el trabajo y el hogar. En un nivel más profundo, los que amamos a los Cinco nos agobiamos cuando son incapaces de actuar a nuestro favor o no están dispuestos a hacerlo en los momentos en que más los necesitamos.

ESTRÉS Y SEGURIDAD

El cantautor Michael Gungor, que es un Cinco, explica el Eneagrama de este modo: "El Eneagrama no es una clasificación que te encasilla; es más bien como «un lugar por donde puedes pasearte» y ver cómo el estrés te está afectando, y ver también los posibles indicadores de lo que podrías hacer para aliviarlo. Eso es muy útil, especialmente al establecer relaciones". Me gusta su lenguaje "por aquí paseas", porque describe la naturaleza dinámica del Eneagrama.

A los Cinco les suele gustar el Eneagrama cuando se trata del movimiento respecto al estrés y la seguridad porque ellos se mueven hacia el Siete cuando están estresados y hacia el Ocho cuando se sienten seguros. Sin duda, diría que estos están entre los movimientos más extraños del Eneagrama y, si no son comprendidos, causarán grandes problemas en las relaciones.

Cuando los Cinco están excesivamente en su número, su mundo se empequeñece más y más. Cada vez se preocupan menos de las necesidades de los demás y se preocupan más por las suyas y por satisfacer su deseo abrumador de privacidad y seguridad. Cuando el mundo de los Cinco se reduce, esencialmente no hay lugar para nadie. Uno de mis estudiantes, que es un Cinco, me dijo una vez: "Cuando me siento abrumado, ya sea en una situación emocional o disfuncional, simplemente me retiro". Sin embargo, a veces los Cinco necesitan resistir esta tendencia por el bien de las relaciones.

En una situación de estrés, el Cinco instintivamente asumirá el comportamiento del Siete. Esto es un cambio significativo, ya que tienden a ser cohibidos y autosuficientes la mayor parte del tiempo. Si los Cinco aprenden a dirigirse al lado saludable de los Siete, cuando se sienten presionados y abrumados, encontrarán cierta libertad para apoyarse en lo que otros piensan o sugieren como un camino a seguir. Cuando se enfocan fuera de sí mismos, se divierten más, son menos retraídos, están más a gusto con el mundo y se sienten más cómodos en compañía.

Los Cinco son propensos a lo que el resto de nosotros llamamos "humor ácido". Algunas veces este humor

LOS CINCO Y LOS OTROS NÚMEROS

Los Uno: los Cinco tienden a tener problemas con el deseo de perfección de los Uno (la crítica de los Uno a menudo los hace sentir ineptos e incompetentes). Pero los estándares del Uno no son un reflejo de la competencia de los Cinco, y los Uno realmente se pueden beneficiar de la objetividad de los Cinco.

Los Dos: los Cinco la pasan mal ante el afecto efusivo de los Dos. La forma de ser de estos les parece un derroche de energía. Pero los Dos son buenos modelos de sociabilidad para los Cinco. Pueden ayudar a otros a sentirse amados y a gusto, y aprenden a honrar las barreras personales.

Los Tres: están ocupados con sus propia vida, de modo que no exigen demasiado de los Cinco. Pero a los Tres les importa mucho la imagen y lo que otras personas piensen de ellos, algo que a los Cinco no les preocupa mucho. Los Cinco tienen un regalo que ofrecer a los Tres al enseñarles el valor de la retirada.

Los Cuatro: quizás el tipo de personalidad más desafiante del Eneagrama para los Cinco es el Cuatro, ya que son opuestos en muchos sentidos. Pero cuando los Cinco desarrollan un ala Cuatro, encuentran que la conexión de cabeza y corazón es una fortaleza real en sus relaciones.

Los Cinco: los Cinco están más a gusto con otros de su tipo, pero esa conexión solo involucra el pensamiento. El desafío es usar el pensamiento, el sentimiento y la acción.

Los Seis: la lealtad de los Seis es un regalo para los Cinco, pero la ansiedad social de estos últimos puede exacerbarse por un Seis que está en un territorio desconocido. Un buen intercambio ocurre cuando un Cinco puede ser racional acerca de los temores injustificados del Seis y cuando ese Cinco deja que el Seis planifique soluciones para situaciones que los ponen ansiosos.

Los Siete y los Ocho: los Cinco comparten una línea con los Siete y los Ocho en el Eneagrama. Los Ocho aprenden de los Cinco el valor de retraerse, observar, pensar y luego volver a conectar. Y los Cinco le brindan a los Siete la oportunidad de encontrar el equilibrio entre la participación y la observación. Los Siete dan a los Cinco un desenfado que puede ayudarlos a que no se tomen las cosas tan a pecho. Y los Ocho ayudan a los Cinco a definir lo que quieren o lo que les gusta.

Los Nueve: el Nueve es un desafío cuando no se pone de acuerdo con lo que piensa el Cinco, pero eso está bien para ellos. Los Nueve pueden divagar un poco, pero en asuntos importantes son pensadores independientes. Y es un don que no presionen a los Cinco para hacer las cosas que no quieren hacer.

es demasiado cínico o sarcástico y genera malentendidos, especialmente con los tipos sentimentales. Pero con alguna influencia de los Siete, el humor de los Cinco se suaviza de forma que permite la conexión con los demás. El humor y la conexión son reveladores y apreciados.

Una relación también debe poder acomodar a un Cinco seguro en el espacio de un Ocho. Los Cinco en Ocho son mucho más espontáneos y francos, más conectados con sus sentimientos y menos temerosos de la actividad. La vida y las relaciones parecen ofrecer más abundancia cuando los Cinco disfrutan de algo de la energía de los Ocho. En este espacio, los Cinco invierten más en los demás y reciben mayor recompensa, disipando el mito de que dar y conectarse siempre será demasiado costoso.

Los Cinco tienden a mantener el *statu quo*: evitan el cambio y el riesgo, y manejan tanto su temor como su limitada energía con una participación restringida en el mundo exterior. Esas opciones limitan su oportunidad de tener acceso a la energía de los Siete o los Ocho, lo cual puede ser una pérdida para los Cinco y para sus relaciones. Cuando se encuentran a gusto con más espontaneidad y un poquito más de riesgo, hay buenos resultados para ellos y para otros. La capacidad de moverse hacia el número de estrés es buena para las relaciones en todos los números del Eneagrama, y es especialmente beneficiosa para los Cinco.

LIMITACIONES EN LAS RELACIONES

Sería erróneo decir que los Cinco no necesitan y no desean relacionarse. Sin embargo, se sienten más cómodos con solo uno o dos buenos amigos fuera de la familia. En realidad, a veces ven a las personas como intrusas.

Hace unos años, cuando mis niños eran pequeños, Carolyn vino de campamento con nosotros durante un fin de semana.

De camino a casa, la observé por el espejo retrovisor. Se veía

> La conducta que manifestamos en tiempos de estrés y de seguridad puede incorporarse totalmente a nuestra vida.

cansada y pensativa. Le pregunté qué estaba pensando, a lo que ella contestó: "Sinceramente, solo estoy pensando en lo mucho que deseo llegar a casa y estar a solas". Pienso que los Cinco son solitarios al igual que el resto de nosotros, pero también creo que su necesidad de conexión se resuelve con más facilidad.

Es bueno recordar que los Cinco tienen que estar dispuestos a elegir la participación sobre la observación. Un pastor que es Cinco dice:

Al estar en el ministerio vocacional, mi desafío es encontrarme con el mundo mientras aprendo a iniciar y participar en la realidad. En la segunda mitad de mi vida, algunas veces me han confundido con una persona extrovertida. Pienso que se debe a que he aprendido a estar en "modo *encendido*" y presente. La mayoría de las personas no saben que después necesito recuperarme; al día siguiente tengo que pasar todo el día solo para recargar mis baterías.

Para los Cinco, relacionarse con la gente es costoso. No es extraño que necesiten todo un día de soledad después de haber estado disponibles y presentes para otros. Este tiempo tiene más de un propósito. Como pensadores organizados, los Cinco necesitan tiempo para procesar su experiencia en relación con lo que ya consideran como cierto.

A mi amiga Carolyn no le gusta la mayoría de las reuniones sociales, pero una vez que llega parece pasarla bien. Una vez, le pregunté cómo lo manejaba y me respondió: "Tengo un escudo mágico. Cuando me siento demasiado incómoda, me lo pongo".

Aprecio esta imagen mental y comprendo que eso le permite participar sin tener que gastar su preciosa energía. Pero sentía curiosidad acerca de cómo funcionaba el escudo, de modo que decidí hacer un experimento: la reté a venir a una cena de fraternidad en nuestra iglesia con el escudo puesto. Las instrucciones eran que viniera a la cena, trajera un plato, se sentara y comiera con un grupo de personas y, entonces, se marchara a casa. Luego, yo preguntaría a la multitud si alguno la había visto. Ella hizo todo al pie de la letra y yo hice mi parte. Ni una sola persona dijo haberla visto. Ni siquiera aquellas con quienes se sentó a comer.

Desde entonces, me he vuelto más consciente de la gente que se acerca para hacerme preguntas en los eventos y que yo no había visto entre la audiencia. Esas personas casi siempre son un Cinco. Parece ser que ellos pueden ocultarse en cualquier grupo, sea de siete o de setecientas personas.

> Como los Cinco son tan privados, a menudo rechazan la ayuda que necesitan, incluso de parte de las personas que más los quieren.

Pero los Cinco se pierden experiencias cuando se esconden y otras personas se pierden de conocerlos. A los Cinco les cuesta horrores mostrarse en público, mucho más que a cualquier otro número. Lo que muchos de nosotros damos de lo que nos sobra, los Cinco lo dan de su esencia. Aun así, tienen que correr el riesgo de dejarse conocer. Con certeza, descubrirán que los beneficios mutuos en las relaciones exceden el costo personal que pagan por ellas.

EL CAMINO JUNTOS

Kenny es un sacerdote anglicano y un amigo personal. Describe el deleite de ser un Cinco que creció en Oklahoma.

> Cuando era pequeño, uno de los mejores regalos que mis padres me dieron fue una colección de la *Enciclopedia Mundial.* Cada día, antes de ir a la escuela, incluso antes de desayunar, me levantaba, elegía una letra y leía. Fue una experiencia estética para mí: me daba alegría. Había un sentido de conexión, una clase de belleza interior de la cual aprendería. Cuando llegué al final de la escuela primaria y a principios de la secundaria, mi madre me regaló un equipo de química. Fui a la biblioteca y revisé los libros de experimentos químicos. Mi padre trabajaba para la empresa *Philips Petroleum* en el negocio del petróleo en Bartlesville y me traía equipos de química usados de su laboratorio. ¡Yo tenía un laboratorio en mi garaje, era genial!

Cuando pensé que ya lo había oído todo, Kenny agregó una postdata: "Oh, y también coleccionaba mapas de las estaciones de servicio".

Aunque Kenny nos pinta un retrato encantador de su niñez como un brillante e introvertido Cinco, es importante que entendamos la distinción entre ser introvertido y ser inaccesible. Los Cinco tienen una capacidad inesperada de aportar una deliciosa curiosidad al momento y a la relación. Su independencia puede parecer infranqueable, pero esas vallas tienen puertas.

Al fin y al cabo...

La sabiduría del Eneagrama nos enseña que los Cinco son el único número capaz de lograr una verdadera neutralidad. Este es un don que pueden ofrecer a los demás. Estas son algunas otras cosas que los Cinco deben recordar:

Pueden...

- sobrevivir siendo visibles y conocidos antes de estar completamente listos para ello.
- tener amistades duraderas, llenas de experiencias amables y sutiles de familiaridad.
- encontrar formas controladas de estar en el mundo que no vacíen su depósito de energía.
- estar en una relación íntima sin arriesgar más de lo que pueden soportar.

Pero no pueden...

- vivir sin, a veces, necesitar ayuda.
- ser competentes en todas las áreas de la vida todo el tiempo. La necesidad de aprender no es incompetencia, es inexperiencia.
- tener relaciones sanas sin arriesgarse a dar algo de su tiempo, renunciar a un poco de su privacidad y encontrar una forma de dar y recibir afecto.
- saberlo todo.

Entonces, necesitan aceptar que...

- las relaciones requerirán más o menos de ustedes, según la estación de la vida que transiten. Tendrán que dar más en la mediana edad de lo que se requerirá en el último tercio. Y, por la gracia, tendrán lo que necesiten.
- aunque valoren más el pensamiento que el sentimiento y la acción, no ocurre igual para la mayoría de las personas en su vida. Para conectarse con los demás, tendrán que trabajar equilibrando su pensamiento con algo de emoción y acción.
- el mundo exterior tiene un valor que se extiende mucho más allá de recoger información.
- las relaciones no siempre pueden desarrollarse bajo sus condiciones, las necesidades de los demás son tan reales y profundas como las suyas.

Los Cinco miden los acontecimientos de la vida según lo que les cuestan a ellos en dinero, energía, tiempo, privacidad y afecto. Usualmente no saben qué tienen para dar, así que lo retienen. Si estás al tanto de eso, puedes indicarles que te das cuenta cuando ellos dan algo sin pedírselos. En una relación con un Cinco, también recuerda:

• Sé claro acerca de lo que necesitas y deseas, pero no seas exigente.
• Recuerda que no siempre entienden las indirectas y sugerencias en las conversaciones.
• Sé franco y directo con ellos, pero no uses demasiadas palabras.
• Si tienes un problema con un Cinco, dediquen un momento a discutirlo. Dale tiempo para pensar en lo que te preocupa y luego, limita la extensión de la conversación. Un buen lenguaje sería: "Quiero contarte lo que deseo y luego tú me dices si puedes dármelo o no".
• Si estás en una relación con un Cinco, no lo presiones para que socialice con otras personas. Eso debe surgirles de manera natural; no les sale bien cuando lo hacen bajo presión.
• Tienen dificultad para encontrar su lugar cuando algo ya ha comenzado. Puedes ayudarlos diciendo: "¿Te gustaría sentarte con nosotros? Tenemos una silla de más". Continúa con una presentación como: "Oigan todos, este es Tomás. Es mi compañero de trabajo".
• Si les preguntas lo que sienten, te dirán lo que piensan. Tendrás que ser persistente para hacer avanzar la conversación al nivel de los sentimientos.
• La incompetencia y la ineptitud son sus principales temores. Probablemente, nunca encuentren el tiempo apropiado para hablar de ellos.
• Es muy importante para los Cinco saber qué se espera de ellos, ya que les gustan los detalles.
• Tienen un fuerte deseo de vivir de manera que nunca tengan que depender de alguien para que los cuide. Si están en una posición en la que necesitan tu cuidado, ofrécelo con la menor cantidad de palabras y de ostentación.

CUESTIONARSE TODO

Dos de mis músicos favoritos y de mis personas favoritas son Seis. Aparentemente, son similares por fuera, pero Jill y Dana son muy distintas. Jill vive en Nashville con su esposo músico y sus tres hermosos hijos. Una tarde, mientras Jill y yo estábamos sentadas en el frente techado de su casa, ella me describió cómo se sentía siendo un Seis y una talentosa mujer dedicada a la música que vivía y trabajaba en una ciudad como Nashville.

> La gente aquí tiene una visión. Hacen *lo suyo*. Ser un Seis en Nashville es bueno para mí porque no necesito eso. Yo no necesito tener mi propia visión o hacer *lo mío*. Estoy feliz de estar junto a otras personas y apoyar su visión, y cuando bajo del escenario después de hacerlo, me siento súper feliz.
>
> Hay una cita de David Wilcox con la que mi esposo y yo nos hemos identificado a lo largo de los años: "Cuando vas a un concierto de música pop, están tratando de convencerte de que ellos son diferentes y especiales, mientras que los músicos de folk están intentando convencerte de que todos somos iguales". Nuestra posición siempre ha sido la misma: no somos especiales, no somos diferentes, somos iguales a ti. Así que, cuando bajo del escenario, no quiero que la gente piense

que soy increíble. Solo quiero hablar con ellos sobre su vida y sus hijos y contarles algo sobre la mí. De veras, quiero que sepan que soy igual a ellos.

El enfoque de Jill sobre su trabajo es muy distinto al de Dana. Ella es directora del departamento de música y arte, y trabaja con todas las edades en coro y teatro, en una iglesia que tiene un gran campanario en el centro de Dallas. Cuando le pregunté por qué quiso ser líder, se le iluminó el rostro y sonrió, reclinándose hacia adelante, con una respuesta a flor de labios sobre cómo el coro era *lo suyo* en la escuela secundaria. Alentada por su directora de coro, Dana comenzó a explorar el uso de sus dones y se sorprendió con lo que descubrió:

> Pronto comprendí que disfrutaba ayudando a los demás a encontrar su voz y era capaz de ayudarlos para que la acoplaran mejor con las otras. También descubrí que podía hacer que mi coro sonara bien, diagnosticando y resolviendo enseguida los problemas. Y yo era la líder, así que podía controlar el ambiente, literalmente. Me aseguro de que la temperatura esté modulada, que los asientos y las luces sean apropiados. Chequeo que la música esté preparada, que el programa esté armado y todos sepan lo que deben hacer, y que el repertorio que elegimos sea el indicado. Y —esto es muy importante— sistemáticamente creo un clima de bienvenida, de trabajo en equipo y de respeto.

Estas dos mujeres, ambas artistas que comparten el mismo número del Eneagrama, son diferentes de una manera sutil, pero significativa.

¿QUÉ OCURRE AQUÍ?

¿Con cuál de las dos te identificas más? ¿Con Jill o Dana? ¿Por qué?

Repasando la cita de David Wilcox sobre los músicos de pop y de folk, ¿estás de acuerdo con los primeros o con los segundos? ¿Por qué?

A partir de la idea de que el talento musical no es un problema, ¿qué te resultaría cómodo si pertenecieras al coro de Dana? ¿Qué sería incómodo?

¿Cómo describirías las diferencias entre Jill y Dana basándote en estas dos historias?

Los Seis son el único número que se puede dividir en dos tipos. La distinción entre ellos tiene que ver con la forma en que responden al temor o la ansiedad, lo cual, según la sabiduría del Eneagrama, es su pecado o su pasión. En respuesta al temor, la motivación de los Seis es *sentirse* protegidos y *estar* seguros.

EL MUNDO DE LOS SEIS

Las dos clases de Seis difieren en la forma en que manejan el temor. Jill es una Seis *fóbica*. Se siente cómoda formando parte de un grupo más grande, ya que está más enfocada en que todos somos iguales que en el hecho de que somos diferentes. Está interesada en forjar relaciones en torno a intereses en común, minimiza todo lo que pueda hacerla sobresalir y tiene un trato gentil hacia los demás, sin importar quiénes sean. A Jill le gustan las estructuras conocidas y las reglas instituidas por otra persona que hayan demostrado ser probadas y genuinas.

Dana es una Seis *contrafóbica*. Le gusta dar seguridad a los demás creando estructuras donde la gente se pueda reunir y sentirse segura. Piensa en cada detalle, se siente a gusto siendo líder y está más consciente de la diferencia que de la igualdad. Está interesada en edificar relaciones con y entre las personas, ayudándolas a trabajar juntas, y de manera sistemática está creando una comunidad donde todos sepan "qué hacemos, cómo lo hacemos y por qué lo hacemos". Ella sobresale en un grupo y encuentra la forma de tener un encuentro con los demás, sin importar quiénes sean.

Los Seis participan en actividades grupales más que ningún otro número del Eneagrama. De los nueve tipos de personalidad, ellos son los más preocupados por el bien común. Son el pegamento que mantiene unidas a todas las organizaciones a las que pertenecemos (ellos no se van por conflictos menores ni andan pasando de grupo en grupo). Los Seis son leales, se esfuerzan constantemente por hacer su parte y quieren estar en algo mayor a ellos mismos.

Tanto Jill como Dana están construyendo comunidades. Como Seis, están comprometidas con crear espacios abiertos y seguros para todo el mundo. Pero su forma de alcanzar ese objetivo es distinta, de una manera sutil, pero profunda: Jill *permite* que la comunidad se forme y Dana la *crea*.

NECESIDAD DE SENTIRSE SEGUROS. La pasión de cada tipo (o su pecado) y su modo de ver el mundo, a veces, pueden ser tan fuertes que determinan sus decisiones. En ciertas ocasiones, la pasión es solo una expresión obvia de una conducta improductiva. En otras ocasiones, todos los números del Eneagrama pueden perder el sentido. Pero esto es especialmente cierto en los Seis: su pasión es el temor y este puede escalar exponencialmente en miles de formas distintas.

Es un ejercicio fascinante mirar las noticias locales o nacionales desde la perspectiva de cada número. Sin embargo, intentar captarlo todo desde la visión de un Seis es una experiencia poderosa.

Para ellos, cada suceso noticioso contiene un elemento amenazante, lo cual crea la necesidad de trazar un plan.

Eso no para con las noticias. La publicidad también juega un papel en nuestras ansiedades y falta de confianza, y todo esto se exagera en el caso de los Seis. Cuando veo anuncios comerciales en la televisión, bien podría frustrarme. No tengo un aparato para hacer ejercicios en casa. Mi lavavajillas se incendiará en cualquier momento. El vidrio de la mampara de la ducha está en condiciones peligrosas. Estuve usando la pasta dental equivocada desde que aprendí a lavarme los dientes. Necesito adelgazar, ¿pero cómo sé con cuál sistema: Nutrisystem, Weight Watchers, el Plan Rápido del doctor Oz de dos semanas, Jenny Craig o Bistro MD? No hay forma posible de que hayamos ahorrado lo suficiente para nuestra jubilación. Las termitas están devorando nuestro hogar de adentro hacia afuera. Toda la carne de cerdo es mala. ¿O era la de pollo? ¿O la carne vacuna? Y para empeorarlo, las verduras orgánicas no son orgánicas. ¡Guau!

Todos sentimos el temor de una manera que está asociada a nuestro tipo. Siendo una Dos, tengo miedo a que la gente no me quiera. Los Nueve temen el conflicto. Los Ocho, ser

> Los Seis pueden demorarse en perdonar porque tienden a aferrarse a menosprecios y heridas del pasado.

controlados. Pero para los Seis, el miedo en sí mismo es la preocupación, y siempre se están preguntando: "¿Qué pasaría si…?". Los Seis fóbicos tienden a sucumbir al temor. Son más manejables en relaciones con personas agresivas y seguras de sí mismas. Los Seis contrafóbicos tratan de sobreponerse a sus temores. Desconfían de las personas que tienen respuestas para todo y se muestran muy seguras porque tienden a buscar su propia manera de hacer las cosas. Y muchos Seis son una combinación de fóbico y contrafóbico dependiendo de las circunstancias.

Un Seis fóbico explica su tipo de este modo:

He luchado con el temor y la ansiedad mi vida entera, incluso desde que era un niño pequeño. Recuerdo estar recostado en la cama, preocupado por mi partido de fútbol a la mañana siguiente. Yo jugaba en la categoría infantil. ¡Era fútbol para pequeñitos! Yo sabía que los otros niños no se sentían igual que yo: simplemente saltaban de la cama y corrían al campo de juego. Lo divertido era que siempre jugaba bien. De hecho, jugué tan bien a lo largo de los años que llegué a ganar una beca deportiva, de modo que toda esa preocupación fue solo un puñado de energía desperdiciada. Al pasar el tiempo, mejoré en el manejo de mis temores, pero siempre permanecen conmigo.

Ahora echa un vistazo a lo que dice mi amiga Sheryl, una Seis contrafóbica:

Me gusta hablar en público y enseñar, y sé que otros Seis se sienten igual que yo. Aunque tengamos miedo, no es en general por las situaciones sociales, sino más bien por las suposiciones acerca del futuro. Las situaciones que nuestra mente crea son acerca de lo que podría salir mal en situaciones nuevas. Por ejemplo, si me toca enseñar o hablar, me preparo muy bien y no me preocupo mucho. Sé que puedo hacerlo. Si no me da tiempo a prepararme y tengo que improvisar, lo hago, pero me provoca un poco de ansiedad.

Ambos son ansiosos, pero los Seis fóbicos se abandonan a su ansiedad y se pierden imaginándose todas las formas posibles en que podría ocurrir lo peor, mientras que los Seis contrafóbicos esperan lo peor y gastan la misma cantidad de energía planeando en consecuencia.

Todos tenemos una fuerte necesidad de control cuando sentimos miedo, pero otros números no comparten la misma *necesidad* de sentirse seguros. Los Seis aprecian el orden, los planes y las reglas porque todas esas cosas brindan un mínimo de seguridad. Nos sentimos seguros cuando hay poco o nada de caos, cuando la vida transcurre sin problemas y las cosas marchan como se supone que deberían ir. Pero las relaciones son complicadas y tienen demasiadas variables como para que todo vaya de maravilla. Entonces, a veces, la necesidad de los Seis de sentirse seguros supera a las relaciones.

Los Seis desean previsibilidad y esperan tener certezas, pero no pueden contar con ninguna de las dos. Al igual que los Ocho, quieren tener un efecto en los demás sin ser afectados o influenciados a cambio, y eso rara vez ocurre. Cuando no pueden dominar su ansiedad, los Seis, algunas veces, recurren a los sistemas de creencias de las organizaciones a las que pertenecen. Una vez, un Seis me dijo: "Creo que a veces depositamos mal nuestra confianza, especialmente en los líderes que pensamos que nos cuidarán y ayudarán a sentirnos menos asustados. Y entonces, la lealtad hace que sea difícil dejar de confiar, incluso si se trata de la persona equivocada". De modo que los Seis pueden beneficiarse en gran medida si aprenden a confiar en *su propia* experiencia de vida. Tienden a subestimarse y, al hacerlo, depositan demasiada esperanza en los demás. Y cuando los Seis no confían en sí mismos, todos salen perdiendo.

El discernimiento suele ser más fiable cuando meditamos en la totalidad de nuestras relaciones. Es dañino, sin importar cuál sea el número del Eneagrama, cuando nos perdemos en los altibajos.

PLANEAR PARA LO PEOR. Los Seis manejan sus sentimientos de ansiedad imaginando lo peor que podría suceder y luego planificando

> Porque suelen pensar demasiado, los Seis son propensos a la procrastinación, algo que a los demás puede parecerles falta de compromiso.

para eso. Tratan de estar atentos y preparados para todo lo que podría salir mal, de manera que puedan estar a salvo. Pregunté a una amiga que es Seis, cómo es para ella salir de viaje.

> Como viajera, soy buena compañera porque constantemente busco pistas: cuál es la terminal para ese vuelo, dónde tomar el metro o el bus, cómo es ir al banco o a una tienda en otro país. Todas mis antenas están recogiendo pistas que mi mente analiza enseguida, así que puedo imaginar y resolver problemas para llegar a donde tenemos que ir. Escanear es una reacción habitual en mi vida. Los Seis siempre estamos buscando el peligro oculto para poder lidiar con él.

Otros Seis eligen viajar a un lugar conocido, donde haya menos variables y menos planes que hacer. Pueden ir al mismo campamento todos los veranos, donde pueden reservar su cabaña favorita con anticipación. Una vez que se han familiarizado con la ciudad —dónde comprar víveres, lugares seguros para que los niños jueguen y oportunidades de recreación para toda la familia—, pueden planificar su tiempo sin tener que pensar en esas variables y cambios inesperados.

> La pasión o el pecado de cada número a veces puede ser tan fuerte que define su comportamiento.

Para los miembros de la familia y amigos que no son Seis, la seguridad en una aventura puede no ser la preocupación número uno. Supongo que es obvio que todos los números reaccionan de manera diferente cuando están lejos de casa. Por ejemplo, los problemas relacionales a menudo disminuyen cuando un Uno va de vacaciones porque ellos son más relajados y menos compulsivos. Pero los problemas se exacerban cuando un Seis va de viaje. Los Seis me han comentado varias veces que la protección es una necesidad fundamental que tienen con relación a las personas cercanas a ellos. Puedes ver entonces que, cuando se salen de la rutina normal, se vuelven sobreprotectores (fóbicos) porque la rutina es anormal y hay muchos imprevistos. Por otra parte, los Seis contrafóbicos no tienen paciencia con tu miedo a menos que estés dispuesto a superarlo, por lo que las vacaciones resultan una gran oportunidad para que esa conversación tome protagonismo.

DESCONEXIÓN DEL PENSAMIENTO PRODUCTIVO. Los Seis luchan con la enseñanza del Eneagrama de que ellos "reprimen el pensamiento". No pueden imaginar cómo eso podría ser cierto, pues les parece que están pensando *todo el tiempo*. Pero mucho de ese pensamiento no es productivo: no los mueve a la acción o al conocimiento. Conozco a un ejecutivo exitoso que está próximo a jubilarse. Él es un Seis contrafóbico y explica esta clase de pensamiento:

Nosotros realmente estamos ensimismados mientras pensamos. Pensar es mi actividad favorita. Suelo decir: "Esto no tiene sentido", lo que significa que he pensado en eso y no es congruente. Eso, en general, está bien, a menos que el no tener sentido tenga que ver con sentimientos, los míos o los de otras personas. Por lo general, avanzo cuando me siento seguro de que hacerlo no me traerá problemas y cuando he previsto los posibles resultados.

A veces me canso de tanto pensar y actúo impulsivamente. Aprendí que entro en acción como una forma de dejar de pensar, lo que a veces funciona bien y otras, no. Puede ser apresurado y mal considerado, cosa que detesto, porque creo que debería haberlo pensado mejor.

> Los Seis hacen muchas preguntas y otros pueden sentirse amenazados cuando las preguntas son muchas, muy personales o demasiado pronto.

Los Seis aceptan de inmediato el concepto de pensar de manera más productiva, pero a menudo no saben por dónde comenzar.

Ciertamente, hay números del Eneagrama que se sienten muy cómodos con los planes, las rutinas y la predictibilidad. Pero otros no. Por ejemplo, los Nueve enseguida caen en la rutina y permanecen allí sin pensar demasiado qué podría andar mal. A los Cinco les encanta la rutina porque les ayuda a manejar su cantidad limitada de energía. Los Seis no solo disfrutan de las rutinas, sino que además encuentran seguridad en ellas. ¿Pero qué hay acerca de aquellos números que no quieren que la vida sea tan predecible? Para algunos números, la libertad es tan necesaria como la seguridad para los Seis. Muchos problemas relacionales están arraigados en estas diferencias entre necesitar estabilidad y progresar en la espontaneidad.

> Algunos números del Eneagrama prefieren la rutina y otros se motivan más con lo inesperado.

No hay problema con que los Seis usen su pensamiento para recopilar información del mundo. El problema empieza cuando ellos reaccionan tan rápido que no pueden pensar claramente para procesar esa información.

Los Seis pueden aumentar la bondad de sus relaciones cada vez que paran, respiran y piensan claramente antes de caer en la trampa de la ansiedad. Inventan cosas cuando se ponen ansiosos y luego reaccionan a la historia que han fabricado. Los que viven con ellos consideran que este patrón es desconcertante y los Seis deben hacer un esfuerzo deliberado para mejorar la disciplina de esperar antes de reaccionar.

ESTRÉS Y SEGURIDAD

Cuando se sienten estresados, los Seis reaccionan primero retrayéndose y luego comprobando lo que están pensando o sintiendo con la gente en la que confían porque a menudo no confían en sí mismos. Si estás en una relación con un Seis estresado y confía en ti, te preguntará cuál crees que es una reacción adecuada a su ansiedad. Asegúrate de darle la mejor respuesta que tengas, pero no te preocupes de que siga tu consejo. A veces lo hará, pero a menudo no lo hará. Los Seis casi siempre tienen una idea o plan personal, de manera que, cuando preguntan a otras personas, solo están reuniendo información para ver si confirma o desacredita las decisiones que ya han tomado.

Cuando yo era chica, hicimos cadenas de papel para el árbol de Navidad. Cortamos las tiras de papel y las pegamos en círculos entrelazados. Eso es lo que los Seis hacen con los temores y los recuerdos, heridas del pasado y desilusiones: si teme que vayas a abandonar la relación, encadena ese sentimiento a todo lo que le pasó en su vida que le hizo temer al abandono. Las relaciones a veces colapsan bajo el peso de estas cadenas. Pero si los Seis pueden identificar este patrón, están capacitados para no repetirlo. Vale la pena el esfuerzo, tanto para ellos como para las personas que quieren.

Cuando los Seis están bajo estrés y han agotado todo lo que esta cadena tiene para aliviar sus preocupaciones, asumen el comportamiento de un Tres. En ese sentido, se vuelven más seguros de

LOS SEIS Y LOS OTROS NÚMEROS

Los Uno: cuando los Seis mantienen una relación con un Uno, su ansiedad suele aumentar porque no se sienten suficientemente buenos. Esto deben reconocerlo y discutirlo, de otro modo, el Uno sentirá que es el único que está tratando de hacer algo.

Los Dos: la meta de los Seis casi siempre será la seguridad, mientras que la de los Dos será la relacional, por lo cual deben ser sinceros acerca de sus diferencias. Además, los Seis deberían tener cuidado de no dudar de los motivos que determinan lo que los Dos hacen con otros y para otros. Mientras tanto, el Dos debe evitar enfocarse en la desconfianza de los Seis. Puede ser complejo.

Los Tres: los Tres aman el éxito y confían en él, pero los Seis no. Los Seis tendrán que enseñarles a los Tres acerca de la ansiedad que a veces acompaña a su éxito.

Los Cuatro: los Seis emplean la técnica de la planificación del peor de los casos, mientras que los Cuatro están a gusto con el anhelo. Los Cuatro pueden quedar atrapados en el pensamiento "Si tan solo…" y los Seis en la pregunta "Qué sucedería si…". Ojo con eso.

Los Cinco: no precisan todas las respuestas, así que los Seis tendrán que trabajar con ellos para responder todas sus preguntas. Ambos forman parte de la Tríada de la Cabeza y tienen mucho en común (además de que los dos pueden trabajar para agregar sentimientos y acciones a sus pensamientos).

Los Seis: con dos Seis, cuando uno tiene miedo, el otro casi siempre responde con optimismo, como dos niños jugando en un subibaja. Es muy bueno.

Los Siete: los Siete se meten en su universo de pensamientos e imaginan el futuro mejor de lo que será. Los Seis sueñan despiertos y lo imaginan peor. Ambos pueden aprender a usar esta dinámica a su favor en las relaciones.

Los Ocho: los Seis y los Ocho son tan distintos que los Ocho se mueven "demasiado rápido" para los Seis que son "demasiado lentos" para los Ocho. Un valor que comparten es la lealtad. Sin embargo, los Seis tienen que ser cuidadosos porque a veces son leales hasta la exageración.

Los Nueve: los Seis y los Nueve están bastante a gusto juntos porque cada uno puede verse reflejado en el otro. Cada uno de ellos tiene que asumir la responsabilidad de establecer sus propias metas: esperar sugerencias o indicaciones de parte de otros no es el mejor curso de acción, pero apoyarse mutuamente puede ser enriquecedor.

sí mismos, toman decisiones y actúan, y cuestionan menos sus decisiones.

Cuando se sienten en la cima del éxito y la vida está yendo bien —cuando están experimentando seguridad— tienen acceso a algunas de las formas en que los Nueve habitan el mundo. Es algo hermoso cuando los Seis son capaces de confiar en ellos mismos y en su propia experiencia de vida, y es bueno para sus relaciones. Los Seis, en este espacio, tienen la sensación de que todo va a estar bien.

LIMITACIONES EN LAS RELACIONES

El deseo de los Seis de siempre hacer su parte es sincero, pero a veces no cumplen con sus prioridades porque subestiman el tiempo que se requiere para manejar las responsabilidades y los compromisos. Entonces, es buena idea para un Seis calcular el tiempo que les tomará algo y luego separar el doble. Esto los ayudará a cumplir con sus principales compromisos con la gente que más quieren.

Otro problema de los Seis —incluso en sus relaciones más íntimas— es perdonar y olvidar. Tienden a creer que pueden protegerse recordando las heridas y desilusiones, y de ese modo perdonar es difícil porque los hace sentir vulnerables e impotentes. He oído hablar de Seis que escriben diarios privados para llevar un registro de las ocasiones en que la persona con quien mantienen una relación los lastima (una mujer hasta anotaba en el calendario las ocasiones en que tristemente se habían roto algunas relaciones y conservaba esos calendarios año tras año). Los Seis deben aprender que siempre nos decepcionaremos en las relaciones, siempre afrontaremos la desilusión. Aunque esto es más difícil para algunos números del Eneagrama que para otros, todos necesitamos dar y recibir perdón. Simplemente, es parte del trato.

Por razones comprensibles, a los Seis les cuesta confiar, pero las relaciones no pueden sobrevivir sin ese ingrediente. Es deber de las personas a las que aman ser sinceros, leales y fiables, pero los Seis también deben hacer su parte: a veces, confiar es una decisión.

Una pareja vino a verme hace algunos años buscando una manera de salir adelante en su relación y creyendo que el Eneagrama podía ayudarlos. Yo no diría que su relación estaba en problemas, simplemente que estaban estancados. Ella había estado casada anteriormente con un hombre cuyo abuso tomó la forma de abandono. Cuando se divorciaron, le resultaba difícil confiar en alguien, hasta que conoció al hombre que estaba sentado junto a ella en mi oficina. Estaban muy enamorados y se esforzaban por tener un matrimonio y una vida familiar saludables, pero ella era insegura y tenía miedo de confiar en él y en su amor. Casi dos veces por semana, ella empezaba a preocuparse al pensar que él la abandonara. Por supuesto, él no tenía ninguna intención de dejarla y le dolía que ella sugiriera que podría hacerlo.

Al escuchar su historia, decidí contarles que Joe y yo tuvimos un problema similar al principio de nuestro matrimonio. El momento decisivo fue cuando Joe me tomó de las manos y me dijo: "No te voy a dejar. Amo nuestra vida juntos. Te amo a ti y a los niños con todo mi corazón. Estoy aquí y estoy plenamente comprometido contigo. No tengo nada más que ofrecerte. Es tu

> A veces confiar es una decisión.

decisión. O decides confiar en esto o no. Pero no hay nada más que yo pueda hacer".

Yo decidí confiar en esa promesa.

EL CAMINO JUNTOS

Conscientes de que muchos de sus feligreses eran Seis, mi esposo, Joe, usó la sabiduría del Eneagrama al guiar a las congregaciones hacia un cambio. Cuando estaban remodelando un edificio o comprando o vendiendo una propiedad de la iglesia, él sabía que los Seis necesitarían tiempo.

Los Seis sostienen todas las organizaciones a las que pertenecemos y no se van por tonterías. Están felices de hacer su parte por el bien de toda la comunidad, pero quieren que se les informe y tener una voz en las decisiones que les afectan. Aunque tienen mucho que ofrecer, dudan en hablar en tiempo real porque no confían en sí mismos. Necesitan tiempo para procesar lo que escuchan, hacer las preguntas que se les ocurran y evaluar si sus preguntas o preocupaciones tienen valor para la comunidad.

Así que, por el bien de todos, Joel realizaba cada reunión dos veces. Dos veces. Esto daba a los Seis el tiempo necesario para participar plenamente en el proceso. Cuando la segunda reunión tenía lugar, ellos estaban preparados para formular preguntas bien meditadas, hacer observaciones significativas y contribuir con confianza en la decisión que se estaba tomando.

Se cree que hay más Seis que ningún otro número, por lo que a veces es difícil, en nuestra sociedad vertiginosa, atender sus numerosas preguntas y sus diversas preocupaciones. Sin embargo, los Seis son las personas más interesadas en el bien común y, cuando les das tiempo, ven cosas que al resto de nosotros se nos escapan.

Todos podemos beneficiarnos de disminuir el paso y mirar el mundo a través de los ojos de un Seis.

Al fin y al cabo...

Recuerda que, como no podemos cambiar nuestra manera de ver el mundo, necesitamos ajustar lo que hacemos con la forma en que vemos. Para los Seis, no hay duda de que los otros números del Eneagrama no luchan como ellos con el temor. Estas son otras cosas que debes recordar:

Pueden...

- aprender a confiar en sí mismos, pero solo si lo practican. Algunas cosas solo se pueden aprender por experiencia.
- aprender a confiar en su forma interna de conocimiento.
- escuchar a su cuerpo. Su cabeza y su corazón les mentirán, pero su cuerpo no.

Pero no pueden...

- esperar que otros sean tan leales y fieles como ellos en los grupos a los que pertenecen. La manera en que los demás manejan sus compromisos y responsabilidades no está dentro de su alcance.
- recibir atención sin asumir algún riesgo. Algunos dicen que los Seis solo pretenden mezclarse y pasar desapercibidos. No creo que sea cierto. Creo que quieren que se les preste atención, pero no siempre están dispuestos a correr el riesgo.
- sentirse seguros siempre, pero pueden reconocer cuando el temor se está volviendo inmoderado.

Entonces, necesitan aceptar que...

- algunas cosas saldrán bien, pero si no, tendrán todo lo que precisen para encarar cualquier situación que se presente.
- el temor ha jugado un papel importante en su vida. Pero también pueden empezar a reducirlo siendo conscientes de ello y trabajando en el pensamiento productivo.

Lo principal que debes tener en cuenta en una relación con un Seis es que la confianza es muy importante para ellos. Tienden a levantar barreras para dejar fuera a las personas que no son de fiar, por eso hacen muchas preguntas para recabar más información. Y cuando tienen más información de la buena, se sienten más seguros y confían más. Otros puntos a considerar:

- Los Seis tienen un profundo aprecio por las personas genuinas y auténticas, pero no confían en las apariencias. Te observan para asegurarse de que eres quien dices ser.
- Planear para lo peor es reconfortante para ellos, así que tómalos en serio cuando te hablen de lo que podría salir mal. Decirles que no tienen que preocuparse y que todo va a estar bien será percibido como condescendiente, irrespetuoso y despectivo. En cambio, enfócate en el mejor resultado posible y no en el peor.
- Aliéntalos a confiar en ellos mismos y a asumir más riesgos (calculados).
- No ayuda simplemente decir cosas como: "Debes confiar más en ti". Lo que sí ayuda es que te tomes el tiempo para mostrarles las veces anteriores en que sí confiaron en sus ideas y en su capacidad para llevarlas a cabo sin confirmarlo con nadie más.
- En la casa, necesitan atención emocional y conversación. Precisan de alguien que sea un compañero en los detalles cotidianos de la vida.
- Les gustan los amigos que son emocionalmente maduros, honestos y no muy necesitados.
- A menudo guardan su ansiedad para ellos mismos. En general, tratan de controlarla solos para no causar problemas a los demás.
- Requieren de un montón de reafirmación —en hechos y en palabras— sobre tu compromiso con ellos.
- Anímalos a actuar cuando ves que están pensando demasiado. Tienden a confundir el pensar en algo con hacer algo al respecto.
- Señala las cosas buenas que aportan a la relación.
- Sé amable y considerado al responder todas sus preguntas.

LOS SIETE

TODO ES BUENO

Cuando Darrin estaba en tercer año de la secundaria, él y tres de sus amigos se involucraron en una aventura, a altas horas de la noche, en un popular parque junto a un lago; una aventura de mucha diversión y risas, poca ropa y algunas bebidas que no estaban permitidas por sus padres ni por la ley.

Darrin era uno de esos chicos a los que siempre atrapan. De hecho, sus padres a menudo recibían llamadas sobre lo que estaba haciendo antes de llegar a casa. Eso es lo que sucede cuando eres el hijo de un predicador en un pueblo pequeño. En las contadas ocasiones en que no atrapaban a Darrin, usualmente se delataba porque le costaba callarse lo mucho que disfrutaba sus aventuras.

Y esa vez, su padre estaba *muy* enojado. No era tanto por la aventura en el lago, sino porque invitó a tres jóvenes de su congregación. Después de una confrontación inicial sobre las malas decisiones de Darrin y su falta de arrepentimiento, los dos dejaron de hablarse. Darrin no pidió disculpas, su padre no daría el brazo a torcer hasta que él lo hiciera y su madre estaba varada en algún lugar en medio de los dos.

Al final, después de tres o cuatro días, ella alcanzó a Darrin entre la escuela y el entrenamiento de béisbol y le dijo que fuera a la iglesia y se disculpara con su padre o le devolviera las llaves de la camioneta. Después de ofrecer un poco de resistencia, Darrin respondió:

—Está bien, voy a ir. Pero no entiendo por qué tengo que disculparme. Quiero a papá más que nadie y tú lo sabes. Nunca lo ofendería o lastimaría a propósito, entonces ¿por qué me tengo que disculpar? No le hice nada. Todo esto fue entre mis amigos y yo. Ninguno salió lastimado y no le hicimos daño a nadie.

Su madre le extendió la mano y le dijo:

—Ve y discúlpate o dame las llaves. Quizá ahora no entiendas por qué te tienes que disculpar, pero algún día lo entenderás. Considéralo un ensayo.

Mientras se dirigía hacia la puerta masculló:

—No tengo mucho tiempo, tendré que hacerlo rápido.

A lo que ella replicó:

—Para ti, si no es divertido, siempre hay que hacerlo rápido, no nos sorprende.

Varios años más tarde, cuando Darrin estaba lejos de casa, en la universidad, el teléfono sonó a las 2:30 a. m. Su madre respondió con el corazón en la boca. Era Darrin, que le pedía que se levantara y fuera a la cocina para que pudiera espabilarse y oír lo que él quería decirle.

—Darrin, ¿cómo podría no estar despierta? ¿Estás bien? ¿Qué sucede?

—Mamá, necesito que me enseñes de nuevo eso de pedir disculpas —respondió—. No recuerdo bien lo que me dijiste cuando papá y yo no nos hablábamos después de esa noche en el lago. ¡Necesito tu ayuda! Estoy muy seguro de que, si no me disculpo ahora, Traci va a cortar conmigo. ¿Qué tengo que decir? ¿Por dónde empiezo?

¿QUÉ OCURRE AQUÍ?

¿Con cuál persona en la historia te identificas más? ¿Con Darrin, su papá o su mamá? ¿Por qué?

¿Por qué piensas que Darrin tenía dificultades para entender cómo sus acciones afectaban negativamente a otros?

¿Cuál era la motivación de Darrin para disculparse con su papá? ¿Y en cuanto a Traci?

¿Cómo explica el Eneagrama lo que está ocurriendo aquí?

Darrin es un Siete en el Eneagrama. Todos los Siete son motivados por una necesidad de ser felices y evitar el dolor. Los Siete inmaduros o promedio, a menudo restan importancia a las emociones en ellos mismos y en los demás. Ven el mundo como su patio de juegos y son más felices cuando están en movimiento, disfrutando la vida y yendo de una actividad a otra. Preferirían no tener que lidiar con nada desagradable o incómodo.

Esta preferencia por el lado más ligero los deja solo con la mitad de las emociones, y eso puede perjudicar sus relaciones. Es importante pensar seriamente en este desequilibrio. Puede costarles caro no estar dispuestos a reconocer su incomodidad con los sentimientos que son molestos o tristes. Las dinámicas interpersonales saludables son la piedra angular de una buena relación, por tanto, los planes y las emociones de los demás no se pueden ignorar (algo que los Siete promedio son propensos a hacer).

Esta incapacidad o falta de disposición para lidiar de manera apropiada con los sentimientos es problemática. Cuando los demás no pueden ser sinceros con los Siete acerca de lo que sienten y lo que necesitan, las respuestas emocionales tardías, en general, se expresan como enojo, vergüenza, temor o hasta resentimiento, lo que es dañino para las relaciones. Si los Siete prestaran atención a los sentimientos y hablaran sobre ellos, se ahorrarían mucho dolor en las relaciones que consideran más importantes.

EL MUNDO DE LOS SIETE

Los Siete son típicamente enérgicos y encantadores. Pero a veces pueden sobreestimar su encanto. Evitan las limitaciones —especialmente las que otros les imponen— y la confrontación directa. Usando el humor y la distracción intencional, pueden eludir el conflicto pasando desapercibidos. Cuando los Siete hacen algo por el mero sentido del deber, su falta de entusiasmo es palpable: están presentes, pero retienen su energía esperando algún evento futuro más prometedor. Cada una de esas características pueden causarles problemas con otros.

> Es un desafío para los Siete reconocer y asumir plena responsabilidad de su papel en el conflicto sin echarle la culpa a los demás.

Mihee Kim-Kort, una escritora y ministro presbiteriana, compartió algo de su desafío siendo una Siete casada con un Seis.

"Él necesita la rutina —me explicó—. Eso se me contagia. Puedo ver cómo ayuda con los niños. Yo trato de ser constante, pero nunca funciona. Los recojo a la salida de la escuela y vamos a donde nos lleve el viento o lo que ellos estén sintiendo. Podemos ir directo al terreno de juegos o a la biblioteca, pero tratamos de salir todo el tiempo posible".

Pero luego me dijo que se siente culpable por haber salido. "Tal vez los niños necesitan ir a casa. Quizá necesitan un lugar donde descansar y desconectarse mirando un poco de televisión. Yo, personalmente, siento que por *mi* salud mental *no puedo ir directo a casa*. Estar encerrada allí con un montón de gritos, carreras y negociaciones es muy difícil para mí".

Todos los Siete que conozco tienen un corazón enorme: son generosos y están dispuestos a hacer sacrificios por las personas que quieren. Pero más que ningún otro número del Eneagrama, creo que se sienten atrapados entre su aparente necesidad interminable de estímulo y las necesidades de los demás. Escucha con atención y oirás a muchos Siete decir: "Quiero hacer *lo que sea* con tal de que seas feliz". Y lo dicen de corazón, pero no quieren perderse en el proceso. Los Siete, en general, tienen largas filas de demandantes que se sienten abandonados por ellos, que tomaron la relación más en serio que ellos. Es fácil malinterpretar los límites que los Siete tienen en las relaciones.

> El Eneagrama nos ayuda a identificar nuestros puntos ciegos cuando se trata de lidiar con nuestros sentimientos y los de los demás.

Una de las limitaciones que los agobia es el tiempo. Recientemente, oí a un Siete decir: "Desearía tener dos días más en la semana. Solo dos días más". Nunca parecen tener suficiente tiempo para hacer todo lo que planearon o desean hacer. Todos los proyectos que no terminan les sirven como recordatorio de que el tiempo se acaba.

Los Siete piensan y luego hacen, sin siquiera detenerse a sentir algo. Se les debe enseñar a considerar los sentimientos de los demás y las consecuencias de su conducta. Y luego tienen que aprender qué hacer con esos sentimientos, los suyos y los de los demás.

PASIÓN POR EL PLACER. En su búsqueda constante de placer, están ansiosos por llenarse de experiencias positivas y estimulantes. Sencillamente, quieren más de cualquier cosa que los complace. Eso también se conoce como gula, que es la pasión de los Siete. Aunque la gula tiene una connotación negativa, en este caso, se refiere al deseo constante de más. Todos estamos tratando de llenar un vacío interior y todos intentamos hacerlo de diferentes maneras. Cuando comparte su opinión acerca de la gula, Shauna Niequist admite: "Mis apetitos: creo que yo los siento más fuertemente que otras personas".

Shauna reconoce el efecto que su naturaleza de Siete tiene en sus relaciones, tanto bueno como malo:

En parte, amo el Eneagrama porque reconocer que soy una Siete me ayudó a entender que las mejores partes de mí, y las peores, no son simplemente una colección al azar, sino que están muy relacionadas unas con otras. Y me gusta hacer un millón de cosas diferentes. Me encanta que la vida esté repleta de variedad. Soy terrible con la rutina. Quiero sentir que todo es una ocasión especial. Quiero más de todo. Y puedo caer exhausta tratando de tener demasiada diversión. La gente que me rodea puede cansarse con todo mi entusiasmo. Entender que esas cosas están relacionadas entre sí y son parte de un todo fue realmente provechoso para mí.

Los otros no pueden ser tú.

Por otro lado, si no me estoy sintiendo bien o si está pasando algo —si solo estoy usando la mitad de mi energía por algún motivo— la gente lo nota y se pregunta: "¿Qué le pasa?" Hay un nivel de energía que se espera que yo transmita cuando entro a un lugar. Al trabajar con eso en los últimos dos años llegué a comprender que traer a la mesa todo mi yo no siempre significa traer mi yo más ansioso.

Cuando experimentan frustración o se sienten necesitados de algo, los Siete instintivamente comienzan a moverse, buscando gratificación externa. Parte de su viaje de transformación incluye cambiar ese patrón de comportamiento y volverse introspectivos. Mientras que es eficaz para los Siete, es desconcertante para los que han llegado a confiar en su energía juguetona.

REDEFINIR COMO AUTOPROTECCIÓN. Aunque muchos números temen ser abandonados y quedarse solos, los Siete tienen mucho miedo de ser atrapados y rodeados, por lo que encuentran una vía de escape redefiniendo. Por instinto, reformulan los sentimientos de dolor y fracaso casi de inmediato como si fueran otra cosa. Nuestro hijo mayor, Joel, era jugador de baloncesto en la secundaria y la universidad. Mide más de seis pies (dos metros) de alto y calza el quince (cuarenta y ocho en América Latina). Basta decir que es un buen jugador, pero no es tan rápido; puede saltar, pero no demasiado alto. Una noche, después del juego de desempate en la escuela, Joel levantó la voz desde el asiento del fondo.

—Hola, mamá, ¿nos viste haciendo esa encestada matadora antes del entretiempo?

—Sí, vi como encestaron, pero ¿quién es "nosotros"?

—Ya sabes: ¡*nosotros*!

Recordando que Joel había estado en el banquillo durante la increíble encestada "de ellos", estaba consciente, una vez más, de la vívida imaginación de mi hijo Siete y de su habilidad natural para redefinir sus experiencias. Los Siete transforman los sentimientos tristes en algo más positivo, y lo hacen rápida y fácilmente. Con cierta madurez, son capaces de contener la tristeza o el temor antes de reelaborar esa experiencia en algo más

LOS SIETE Y LOS OTROS NÚMEROS

Los Uno: los Siete pueden aprender, observando a los Uno, los límites, el dominio propio y terminar lo que empiezan. Los Uno se pueden beneficiar de la espontaneidad y desenfado de los Siete. Es un buen intercambio.

Los Dos: los Siete necesitan mucha más libertad que los Dos. En las relaciones, los Dos precisan confiar más y los Siete tienen que trabajar en el aspecto de compartir sus planes: dónde estarán, qué estarán haciendo y cuándo estarán disponibles.

Los Tres: los Siete y los Tres necesitan estar atentos a una diferencia que se puede confundir con semejanza. A los Siete no les gusta limitar las opciones personales. A los Tres no les gusta limitar la cantidad de horas que trabajarán. Este rasgo es engañoso y requiere ser intencionales en la comunicación.

Los Cuatro: los Cuatro y los Siete son más parecidos de lo que nos imaginamos. Por cierto, es muy difícil diferenciarlos cuando son niños. Pero, en la adultez, se presentan como opuestos por sus respectivas preferencias emocionales. Los Cuatro ven el vaso medio vacío y los Siete lo ven medio lleno. Si se disponen a honrar las diferencias y a tratar de conciliarlas, tienen mucho para brindarse el uno al otro.

Los Cinco: una de las razones por la cual los Cinco y los Siete se pueden conectar tan exitosamente, es que comparten la misma línea del Eneagrama. Ambos aprecian la aventura y se aburren con facilidad ante la repetición: ese es un buen punto de encuentro.

Los Seis: al mirar al futuro, los Seis y los Siete, en general, ven el mundo de manera distinta. Los Siete tienden a imaginarlo mejor de lo que será y los Seis anticipan un futuro peor de lo que probablemente sea. Se pueden beneficiar mutuamente de una perspectiva más equilibrada del futuro.

Los Siete: tienen temor al compromiso, la rutina y lo predecible. Los Siete en relación con otros Siete hallarán limitaciones desafiantes.

Los Ocho: los Siete piensan y luego hacen. Los Ocho hacen y luego piensan. ¡Tengan cuidado con esta dinámica en las relaciones!

Los Nueve: los Siete y los Nueve se brindan el uno al otro una clase singular de equilibrio: a los primeros les encantan las opciones y a los segundos los paralizan demasiadas opciones.

cómodo. Pero hasta ese momento, reprimen los sentimientos tristes o negativos. Esos sentimientos no se van del todo. De hecho, vuelven a surgir en momentos impredecibles en el futuro.

Su capacidad de reformular y renombrar lo que está ocurriendo, les permite retirarse a un lugar mágico en su cabeza que les ha estado funcionando bien desde que eran niños. Joel tiene una anécdota sobre el día en que se perdió en Six Flags cuando tenía cinco años. "El policía que esperaba conmigo en la torre de seguridad me dijo que todo estaría bien y yo le creí. Entonces, cerré mis ojos y usé mis otros sentidos para *imaginarme* que estaba corriendo una carrera, comiendo helado y riendo y jugando con mis hermanas. A decir verdad, la pasé súper bien". Todos los Siete que conozco tienen su propia historia sobre la primera vez que pudieron reorientar su atención lejos del temor o la tristeza hacia algo más maravilloso y seguro.

Pero reformular y reenfocar pueden conducir a grandes problemas en las relaciones porque otros números no tienen este don mágico. Cuando algo en la vida de los otros números los hace sentir tristes o amenazados, su reacción es distinta a la de los Siete. Y la frustración puede llevar a esos números a considerar este comportamiento de los Siete como inmaduro, irresponsable y poco realista.

A menudo, en una circunstancia similar, la relación comienza a parecer y a sonar como la de un padre y un hijo. Es probablemente desconsiderado de ambas partes y la única solución posible es la de elegir intencionalmente encontrarse en el medio.

UNA PANTALLA DE ACTIVIDAD. Los Siete evitan el dolor de toda clase, pero especialmente el dolor de ser atrapado en la predictibilidad de una rutina. El pensamiento de dolor físico o emocional que no puede controlarse es casi insoportable y ellos no saben cómo hacer que una relación funcione con alguien que no puede o no quiere ser feliz.

Los Siete están junto con los Cinco y los Seis en la Tríada del Temor en el Eneagrama y lo que más temen es quedar atrapados en algo desagradable. Una de sus formas de manejar este temor es mantener todas las opciones abiertas: es parte de lo que ellos entienden como abundancia. La idea de una vida cotidiana estable, segura y moderada es como un balde de agua fría. Ellos quieren participar en todas las actividades posibles, incluso las que no están en la agenda. Pero el disfrute de esas actividades con otras personas se ve comprometido cuando, en medio de un evento, empiezan a pensar en el siguiente.

Las relaciones requieren compromiso, no solo el de mantenerse conectados y solucionar los problemas, sino también acuerdos más pequeños, aparentemente menos importantes, como la puntualidad, terminar lo que uno empieza y cumplir un plan aun cuando se presente una oportunidad más emocionante. Una vez que los Siete se comprometen (lo cual tiene que ser idea suya), se entregan de lleno. El desafío es definir con otros tipos de personalidad lo que significa "de lleno". Pensemos en eso. Para los Uno y los Ocho, "de lleno" significa estar allí de principio a fin. Para los

Dos, "de lleno" incluye estar presentes emocionalmente. Esas son diferencias importantes en las relaciones. A los Siete les gusta estar en una relación con alguien a quien aman y se sienten devastados cuando la relación se termina. Sería una mala interpretación creer que los finales son fáciles para los Siete. Todo lo contrario.

NECESIDAD DE SER OPTIMISTAS. La necesidad de optimismo del Siete está directamente conectada con su deseo de creer que el mundo es un lugar seguro, la gente es buena y sus necesidades serán consideradas. Del mismo modo, cuesta recordar que los Siete forman parte de la Tríada del Temor dado que la mayoría de los Siete que conocemos no parecen tenerle miedo a nada. De hecho, se muestran alegres, animados y divertidos. Los Siete jóvenes a veces me dicen: "¿Cómo puede ser que yo esté justo al lado del Seis en el Eneagrama? No tengo nada en común con un Seis". Richard Rohr explica: "El optimismo y el pesimismo, sorprendentemente, no están lejos el uno del otro: ambos son mecanismos intelectuales para manejar el vacío y los peligros de la vida".

Una mujer, hace poco, me dijo lo que ella pensaba que los Siete podían ofrecer al mundo:

Creo que estamos viviendo en un tiempo en el que necesitamos un optimismo saludable. Necesitamos algunos soñadores, algunas personas que no tengan temor a los grandes sueños. Yo seré la primera en criticar a alguien que es indiferente o ciego a las diferencias raciales o de género. Pero, al mismo tiempo, no quiero que le quiten a la gente sus grandes planes para la comunidad, el estar juntos, y su fe en lo que el amor puede hacer cuando se le permite florecer en nuestras comunidades. No me importa que la gente crea que soy ingenua y superficial, yo todavía me aferro a la posibilidad de la esperanza y la alegría.

A veces nos perdemos lo bueno que los Siete tienen para ofrecer a nuestras comunidades y a nuestras relaciones porque no los tomamos en serio. Su optimismo es muy necesario.

ESTRÉS Y SEGURIDAD

Cuando los Siete están en su mejor momento, son embajadores de la esperanza. Son despreocupados, generosos, bondadosos y creativos, y todos nos beneficiamos viendo el mundo a través de sus ojos. Pero en su peor momento, pueden ser obstinados y tercos. Junto con los Tres y los Ocho, necesitan recordar que, cuando están absolutamente seguros de que tienen la razón, probablemente estén equivocados.

Cuando la vida se vuelve particularmente estresante, cada número demuestra un comportamiento excesivo asociado con su personalidad. No es bonito en ninguno de nosotros, pero en los Siete se convierte en una actividad frenética que tiene el potencial de socavar sus verdaderos deseos. Afortunadamente, los Siete estresados tienen rápido acceso a la conducta de los Uno. Bajo la influencia perfeccionista del lado maduro, los Siete se calman y son más perceptivos de lo que harán, con quién y cuándo. También son menos egoístas y más propensos a finalizar las cosas que comenzaron. Es un buen avance para ellos y es particularmente bueno para sus relaciones. Una de las quejas más comunes acerca de los Siete es que no terminan lo que empiezan y, cuando lo hacen, ofrecen sanidad. Otra queja es que no prestan atención a los detalles, pero en el espacio de los Uno, sí lo hacen. Y cuando se inclinan al comportamiento de los Uno, encuentran el equilibrio necesario, al menos por un tiempo, entre soñar y hacer.

Cuando los Siete se sienten más seguros, pueden emplear la energía de los Cinco y su conducta como un modelo para retirarse de

> Algunas veces el entusiasmo de los Siete es malinterpretado como un deseo de imponer su voluntad.

demasiados intereses y actividades con demasiada gente. Ahí son capaces de darle tiempo a solo una o dos relaciones o de enfocarse en pocas cosas en vez de hacer muchas. Los Siete me cuentan que es allí donde experimentan más satisfacción, pero eso solo funciona por un tiempo limitado. Una Siete me dijo que, a menos que sea influenciada por ese movimiento hacia el Cinco, ella no crea espacio para tener tiempo de calidad con las personas que le importan.

Estar conscientes de las diferencias nos ayuda a limitar lo que esperamos de los demás y eso es algo muy bueno. Los otros no pueden ver el mundo de la manera en que tú lo ves. Yo he aprendido, de enseñar en una comunidad de recuperación, que las expectativas son resentimientos potenciales. Es inteligente tenerlo en cuenta cuando se trata de edificar y mantener relaciones.

LIMITACIONES EN LAS RELACIONES

Los Siete reprimen los sentimientos, intentando permanecer siempre en el lado feliz. Aunque parezca muy divertido, es una limitación notable cuando consideramos que los otros ocho números están viviendo la vida con un rango completo de emociones.

El encanto de los Siete es más efectivo en lo profesional que en las relaciones. Tienen que aprender que en las relaciones interdependientes no son el jefe y que los demás no tienen por qué estar de acuerdo con lo que ellos dicen o desean. Y la interdependencia es buena para todos nosotros, de manera que los Siete deben aprender a moderar su ego, tanto en casa como en el trabajo.

Los Siete creen que sus necesidades son simples y pocas, cuando en realidad son personas complejas con necesidades complejas. Muchos de ellos tienen problemas con el hecho de que las cosas pueden ser maravillosas en un momento y problemáticas en el siguiente. No les gusta cuando las cosas se complican emocionalmente, y las relaciones son muy difíciles. Algunas veces, con los Siete, lo difícil es hacerles ver y admitir que hay un problema.

Luego viene el desafío de cómo tratar con él. Por eso deben aprender a lidiar con los problemas cuando surgen, dejando de lado su deseo de que se arreglen solos. Reparar una ruptura significativa en una relación con un ser amado requiere una madurez tenaz que muchos Siete tienen que desarrollar.

EL CAMINO JUNTOS

En el podcast *El camino de regreso a ti*, Shauna Niequist, a quien le encanta invitar gente a su casa, respondió a nuestra pregunta de cómo había usado el Eneagrama como una herramienta en su vida espiritual:

> Lo que más me ayudó al aprender el aspecto espiritual del Eneagrama fue permitirme hacer las cosas de una manera diferente a como las hacen los Cuatro que forman parte de mi vida. Mi mamá y mi esposo son Cuatro. Ambos son introvertidos. Piensan y sienten profundamente, y son contemplativos por naturaleza. Yo soy fiestera por naturaleza. Mucha gente lo ve como algo menos espiritual. Pero yo diría que lo primero fue permitirme no ser una mística del desierto y en cambio ofrecer mi mayor don —espiritual o no—, que es la hospitalidad.
>
> Creo que esa es una de las formas en que Dios usa mi vida y yo poseo una cantidad desproporcionada de gozo cuando practico la hospitalidad. Eso me hace sentir muy feliz. Si vendo *X* cantidad de libros, pienso: "Está bien", pero una cena realmente importante es como: "Creo en Dios y creo que Él es bueno". Eso realmente significa algo para mí.

Al negarse a encontrar la realización por otro camino que no sea el propio, los Siete nos muestran que la satisfacción es posible cuando reconocemos el valor inherente de nuestra singularidad.

Esa clase de singularidad necesita ser honrada y celebrada.

Al fin y al cabo...

Los Siete tienen más problemas que cualquier otro número para aceptar que hay un límite a lo que pueden tener. Y es un desafío aún mayor aceptar que hay algunas cosas que simplemente no podrán tener, no importa cuánto lo intenten. Ha sido de mucha utilidad para los Siete que conozco aprender alguna práctica contemplativa como la meditación o la oración centrada y comprometerse con ella. Más allá de eso, como una forma de detener el pensamiento y planeamiento frenéticos, será de provecho si pueden aprender a usar este mantra: *Las cosas son como son.*

Pueden...

- vivir en la realidad de que el límite de crecimiento para ellos siempre estará donde haya un dolor que no puede ser reformulado o renombrado. Pueden aprender lo que el dolor tiene que enseñarles.
- soñar nuevos sueños, pero no siempre se harán realidad.
- tener una vida llena de abundancia y de alegría, pero no serán capaces de reconocerla si jamás experimentan escasez y dolor.

Pero no pueden...

- manejar la vida con la mitad del inventario de emociones: tienen que aprender a desarrollar la otra mitad.
- ser responsables y confiables mientras mantienen las opciones abiertas. Pueden hacer de la confiabilidad una de sus opciones.
- llegar a donde quieren llegar con una conducta excesiva. Pueden moderar su forma de ser en el mundo.

Entonces, necesitan aceptar que...

- a veces la vida es aburrida y no hay cómo reformular eso. Simplemente tienen que vivirla así.
- las relaciones son tan valiosas para el crecimiento personal como lo son para el disfrute.
- la gente puede suponer que no profundizan en nada porque están interesados en muchas cosas.
- su conducta es a menudo alienante y encantadora a la vez.
- evitar los sentimientos personales desagradables no funciona bien en una relación a largo plazo.

En mi experiencia, cuando los Siete realmente empiezan a trabajar en sí mismos, las personas que los rodean, enseguida les dicen: "¿Qué te sucedió? Eras tan divertido". Los que amamos a los Siete tenemos que ser cuidadosos de no esperar que demuestren una conducta que les hemos pedido que moderen. Estos son otros aspectos que pueden ayudarlos a crecer en sus relaciones:

• No trates de hacer que los Siete se comprometan con rutinas y horarios específicos. Ellos necesitan espontaneidad y flexibilidad.

• Necesitan que la otra persona en la relación tenga sus propias energías e intereses. No dependas de los Siete para tener compañía constante.

• Cuando la crítica sea necesaria, sé amable y breve.

• Si deseas *compartir* tus sentimientos con un Siete, hazlo. Pero no *proceses* tus sentimientos con un Siete. Deberás hacerlo con otra persona.

• Aman estar con gente y también valoran el tiempo a solas. Será útil si les ayudas a hacer que ambas cosas sucedan.

• No es bueno hablarles de su potencial. No responden bien a las expectativas y hablar del potencial se ve envuelto en expectativa.

• Uno de los mejores regalos que puedes ofrecerle a un Siete es alentarlo a permitir y experimentar una serie completa de emociones.

• La mayoría de los adultos que no son Siete han olvidado cómo jugar. Invita a un Siete a que te enseñe sobre el don del juego.

• Necesitan el espacio donde expresar sus ideas con libertad. Si decides ir en una dirección distinta, les parece muy bien.

• Cuando realmente desean que les des algo que está dentro de tus posibilidades, son muy persistentes. Es como ser picoteado por pollos hasta morir.

• Presta atención a sus historias. Contar historias es, a menudo, la forma de expresar y compartir sus sentimientos.

CONCLUSIÓN

Cuando era pequeña, mis padres tenían una pequeña biblioteca en un cuarto del piso de arriba, que fue el hogar de mi hermano Carroll cuando tuvo polio y de mi abuelo Brown cuando estaba muriendo. Ninguno de ellos podía salir de la cama, así que yo me entretenía y los entretenía sirviéndoles de bibliotecaria, leyéndoles y escuchando lo que ellos me leían. Ambos estaban muy enfermos. Sinceramente, desde que tengo memoria deseé escribir un libro que sanara a las personas.

En esos años, soñaba con el día en que me casara y tuviera hijos y viviéramos felices. La vida rara vez es tan simple. Cuando Joe y yo nos casamos, yo era una madre divorciada con tres hijos. Él adoptó a los niños y tuvimos un cuarto niño. Nos hemos esforzado mucho para entender cómo vivir juntos, amarnos bien y hacer que el otro se sintiera perdonado y libre.

Hemos conocido el Eneagrama durante la mayor parte de nuestros treinta años juntos y ha marcado una enorme diferencia para nosotros y nuestra familia. A decir verdad, no puedo imaginar nuestra vida sin esta útil herramienta. Pero es solo una de las muchas prácticas que nos ayudaron en nuestra búsqueda de entendimiento sobre quiénes somos y quiénes podemos ser cuando nos sentimos amados, aceptados y seguros. Espero que uses el

Eneagrama para ofrecer amor, aceptación y seguridad a esas personas que habitan tus días y tu vida.

Escribí este libro para todo aquel que desea ser mejor en las relaciones con los demás, en la casa, en el trabajo, en la iglesia y con sus amigos. Y he tratado de ser clara sin ser simplista. Estoy segura de que lo entendiste, incluso las partes que no te agradaron.

Quiero que marque una diferencia, pero eso no me corresponde a mí. Nos corresponde a *todos*:

- proteger nuestras relaciones del enojo, el temor y la vergüenza;
- ser compasivos cuando vemos que otros tienen problemas para pensar productivamente, actuar intencionalmente y sentir profundamente;
- tomar en serio lo que otros dicen que perciben de nosotros en las relaciones, y luego usar lo que enseña el Eneagrama para hacer algo al respecto.

Quizá podemos estar de acuerdo en que, en esos momentos, cuando estemos lo suficientemente sanos y maduros, haremos lo que podamos con lo que sabemos *para el bien de todos*.

AGRADECIMIENTOS

Cuando se trata del Eneagrama, mis maestros están por todas partes. Se encuentran en las clases que enseño y en la audiencia cuando hablo. Están en los aeropuertos cuando viajo y en nuestra iglesia cuando adoro, en la tienda cuando voy de compras y en mi vecindario cuando voy a casa. Son todas personas que están abriéndose paso en el mundo, haciendo lo mejor que saben con lo que tienen y con su manera de ver, y tengo una enorme deuda con ellos.

Sobre todo, quiero agradecer a mi esposo, Joe Stabile. Su compromiso eterno conmigo y con nuestra vida como pareja es tanto honorable como desafiante, ya que sigue insistiendo en que nos comprometamos con la obra a la que hemos sido llamados. Nuestros hijos y sus cónyuges, junto con nuestros nietos, son mi motivación para desear hacer mi parte en lograr que este mundo sea un lugar mejor. Les estoy muy agradecida a todos ellos. ¡Gracias, Joey, Billy, Will, Sam, Jenny, Cory, Noah, Elle, Piper, Joel, Whitney, Joley, Jase, B. J. y Devon por tanto! Decirle sí a este proyecto significó decirles no a ustedes más de lo que hubiera deseado.

El padre Richard Rohr me invitó a formar parte del estudio de esta sabiduría antigua, por eso, todo lo que enseño puede remontarse a él.

Estoy muy agradecida con mi amiga y agente literaria, Sheryl Fullerton. Es la mejor de las mejores y no puedo imaginar este libro sin su influencia en cada página.

No hay palabras para agradecer a los hombres y mujeres que estuvieron en mi Programa de Aprendices durante los últimos nueve años. Me han enseñado mucho de lo que sé sobre el Eneagrama. Estoy tremendamente agradecida a los miles de personas que han compartido sus fines de semana y sus historias conmigo durante los últimos veintiocho años. Son la razón por la cual la información que he reunido sobre el Eneagrama se ha convertido en sabiduría.

Un agradecimiento especial a mi editora, Cindy Bunch, quien me ayudó a encontrar mi camino en un mundo relativamente nuevo. Este libro es mejor gracias a su aliento e inagotable paciencia conmigo. Y a Jeff Crosby, mi infinito respeto y gratitud. El equipo de IVP es un grupo de hombres y mujeres inteligentes, creativos y geniales en lo que hacen. Gracias a Elissa Schauer, Ben McCoy, David Fasset, Dan van Loon, Rebecca Carhart, Andrew Bronson, Alisse Wissman, Krista Clayton, Justin Paul Lawrence, Marty Schoenleber y todos los demás que trabajan allí, desde la recepción hasta el almacén. Qué regalo poder trabajar con estos profesionales consumados que también son buenos seres humanos.

Hay mucha gente que entrega su tiempo y energía para la obra de Life in the Trinity Ministry (LTM): Carolyn Teel, mi mejor amiga por más cuarenta y siete años; Mike George, el mejor amigo de Joe desde hace cincuenta y dos años, y su esposa Patsy; Ann Leick, Cindy Short, B. C. y Karen Hosch, el Dr. John y Stephanie Buek, Tanya Dohoney, John Brimm, Tom Hoekstra, Jane Henry y Luci Neuman, quienes soñaron con un futuro para LTM que casi no podíamos imaginar. A la Dra. Shirley Corbitt y a Marge Buchanan, gracias por ser testigos de toda mi vida adulta. Joel Stabile y Laura Addis, no puedo imaginar mi trabajo en el mundo sin sus dones y talentos. Dr. Bob Hughes, gracias por insistir en que crea que soy querida.

Un agradecimiento especial a Jim Chafee y Jana Reiss. Y también a Meredith Inman y Corey Pigg por todo lo que hacen por mí.

Soy y he sido bien amada por muchas personas que me alientan a vivir bien y a hacer lo que me corresponde respecto a la enseñanza del Eneagrama. A cada uno de ustedes, les estoy inmensamente agradecida.

Quiero expresar mi reconocimiento y gratitud a aquellos que me han guiado en el camino al estudiar el Eneagrama. Sus comentarios y opiniones han hecho esta sabiduría más accesible para todos nosotros.

Richard Rohr, O. F. M.

Claudio Naranjo

Renee Baron

Elizabeth Wagele

Andreas Ebert

Don Riso

Russ Hudson

Helen Palmer

David Daniels

Virginia Price

Beatrice Chestnut

Kathleen Hurley

Theodore Donson

Thomas Condon

Susan Reynolds

Ian Cron

Sandra Maitri

Lynette Sheppard
Suzanne Zuercher, O. S. B.
Clarence Thomson
Margaret Keyes
Roxanne Howe-Murphy

NOTAS

LOS OCHO - LA VULNERABILIDAD NO ES DEBILIDAD

[30] *La vulnerabilidad es la idea...* Brené Brown: "The Power of Vulnerability" [El poder de la vulnerabilidad], [archivo de video]. TED: junio de 2010. Disponible en <www.ted.com/talks/brene_brown_ on_vulnerability>.

[41] *De la forma en que funciona la iglesia...* Nadia Bolz-Weber: "Find Power in Vulnerability: An Interview with Pastor Nadia Bolz-Weber, Enneagram 8 (The Challenger)" [Encuentra poder en la vulnerabilidad: una entrevista con la pastora Nadia Bolz-Weber, Eneagrama 8 (El retador)], [podcast]. *El camino de regreso a ti*, episodio 3, 17 de julio de 2016.

LOS NUEVE - ARRIESGARSE AL CONFLICTO PARA LOGRAR UNA CONEXIÓN

[47] *Las mejores cosas...* Andy Gullahorn: "The Enneagram in Marriage with Andy Gullahorn, Enneagram 9 (The Peacemaker), and Jill Phillips, Enneagram 6 (The Loyalist)" [El Eneagrama en el matrimonio con Andy Gullahorn, Eneagrama 9 (el Pacificador) y Jill Phillips, Eneagrama 6 (el Leal)], [podcast]. *El camino de regreso a ti*, episodio 29, 22 de marzo de 2017.

[51] *He tenido problemas para encontrarme...* Chris Gonzalez: "The Enneagram and Therapy—A Dialogue with Chris Gonzalez, Enneagram 9" [El Eneagrama y la terapia: un diálogo con Chris Gonzalez,

Eneagrama 9], [podcast]. *El camino de regreso a ti*, episodio 24, 18 de enero de 2017.

52 *Cuando entiendo que soy reacio…* Mike McHargue: "Learning to Express Confidences About the Things You Believe: An Interview with Science Mike, Enneagram 9" [Aprendiendo a expresar confianza sobre las cosas en las que crees: una entrevista con Science Mike, Eneagrama 9], [podcast]. *El camino de regreso a ti*, episodio 5, 26 de julio de 2017.

58 *Cuando comparto el espacio…* Gonzalez: loc. cit.

LOS UNO - TODO SIEMPRE PODRÍA ESTAR MEJOR

66 *Lo principal de los Uno…* Christopher and Amanda Philips: "When Good Enough Is Never Good Enough: A Conversation with Christopher and Amanda Philips, Enneagram 1" [Cuando bastante bueno nunca es lo suficientemente bueno: una conversación con Christopher y Amanda Philips, Eneagrama 1], [podcast]. *El camino de regreso a ti*, episodio 12, 21 de septiembre de 2016.

LOS DOS - ¿TUS SENTIMIENTOS O LOS MÍOS?

84 *… la incapacidad o la falta de voluntad…* [traducida del original en inglés]. Don Richard Riso y Russ Hudson: *La sabiduría del Eneagrama*. España: Urano, 2019.

LOS TRES - SOY TODOS, MENOS YO MISMO

108 *… el número más triste del Eneagrama…* Richard Rohr and Andreas Ebert: *The Enneagram: A Christian Perspective* [El Eneagrama: una perspectiva cristiana]. New York: Crossroad, 2001, p. 85.

LOS CUATRO - ALÉJATE, PERO NO TE VAYAS

120 *Me gustaría que solo por una vez…* Bob Dylan: "Positively 4th Street" [Positivamente en la calle 4]. *Positively 4th Street*. Columbia Records, 1965.

LOS CINCO - MIS VALLAS TIENEN PUERTAS

134 *El Eneagrama no es una clasificación…* Michael Gungor: "Finding Your Place in the World: An Interview with Michael Gungor—Enneagram 5

(The Investigator)" [Encontrar tu lugar en el mundo: una entrevista con Michael Gungor, Eneagrama 5 (el Investigadòr)], [podcast]. *El camino de regreso a ti*, episodio 7, 10 de agosto de 2016.

LOS SEIS - CUESTIONARSE TODO

[143] *La gente aquí tiene visión…* Jill Phillips: "The Enneagram in Marriage with Andy Gullahorn, Enneagram 9 (The Peacemaker), and Jill Phillips, Enneagram 6 (The Loyalist)" [El Enegrama en el matrimonio con Andy Gullahorn, Eneagrama 9 (el Pacificador) y Jill Phillips, Eneagrama 6 (el Leal)], [podcast]. *El camino de regreso a ti*, episodio 29, 22 de marzo de 2017.

LOS SIETE - TODO ES BUENO

[162] *Él necesita la rutina…* Mihee Kim-Kort: "Processing Pain Through Optimism — Insight to the Enneagram 7 (The Enthusiast) with Mihee Kim-Kort" [Procesando el dolor a través del optimismo: perspectiva sobre el Eneagrama 7 (el Entusiasta)], [podcast]. *El camino de regreso a ti*, episodio 25, 25 de enero de 2017.

[163] *Mis apetitos…* Shauna Niequist: "Savor Everything: An Interview with Shauna Niequist — Enneagram 7 (The Enthusiast)" [Saboréalo todo: una entrevista con Shauna Niequist, Eneagrama 7 (el Entusiasta)], [podcast]. *El camino de regreso a ti*, episodio 6, 27 de julio de 2016.

[168] *El optimismo y el pesimismo…* Richard Rohr y Andreas Ebert: *The Enneagram: A Christian Perspective* [El Eneagrama: una perspectiva cristiana]. New York: Crossroad, 2001.

[171] *Lo que más me ayudó…* Niequist: loc. cit.